UNLOCK YOURSELF!

UNLOCK YOURSELF!

Petit traité de la volonté

UNLOCK YOURSELF!

Petit traité de la volonté

Michel Mathieu
Directeur général de LCL et Directeur général adjoint
du Groupe Crédit Agricole

Alexandre de Navailles
Directeur général de KEDGE Business School

Lieu d'épanouissement ou au contraire enfer pour les autres, le monde du travail n'a jamais été autant questionné dans cet environnement géopolitique, social et économique incertain qui est le nôtre désormais.

Cet ouvrage ne se veut pas être un manuel théorique, encore moins un livre de recettes de management à destination des lecteurs.

Il s'agit de la rencontre de deux dirigeants de générations, de carrières et d'expériences différentes qui partagent et confrontent leur vision de l'entreprise d'aujourd'hui.

Une conversation ouverte et franche, pour appréhender l'univers professionnel dans sa nouvelle complexité : maintenir l'adhésion des salariés, susciter l'envie chez les 20-35 ans plus nomades, hybrider les compétences, repenser la formation constante et continue pour que l'entreprise reste désirable.

Au-dessus de ces problématiques, il en est une que personne, encore moins un dirigeant, ne peut plus ignorer : l'anthropocène. Autrement dit, l'impact de l'homme sur la Terre et la part de responsabilité des entreprises dans ce changement climatique, qui s'invite chaque année avec plus d'insistance dans la vie de tous.

Alexandre de Navailles forme ces jeunes qui, constate-t-il, ont en permanence cette menace environnementale à l'esprit, avec l'envie de trouver des solutions pour y remédier, ou à tout le moins de ne pas contribuer à son aggravation ; Michel Mathieu, lui, reconnaît que la question surpasse presque toutes les autres tant elle affleure dès les premiers instants d'un entretien de recrutement.

Tous les deux affirment qu'à plus ou moins brève échéance, grands groupes, sociétés de services, industriels, start-up ou autres ne parviendront pas à attirer de nouveaux salariés s'ils n'apportent pas une réponse et un engagement clairs à cet enjeu.

Les nouvelles générations, futurs collaborateurs l'ont parfaitement intégré. Pour eux – mais aussi leurs aînés –, il s'agit, à plus ou moins long terme, de survie. Pas de celle du « petit monde des affaires » mais de l'humanité tout entière.

Très soucieux du devenir de la planète et des changements positifs qu'ils peuvent y apporter chacun à leur façon, ils réfutent néanmoins une forme de passivité.

Alors que la doxa actuelle voudrait que ce soit à l'entreprise de « réenchanter » le travail, et d'apporter toutes les solutions, l'une et l'autre estiment qu'il en va aussi de la responsabilité de chacun : « La main la plus secourable que tu puisses trouver est au bout de ton bras. »

Élisabeth Moreno

Ex-ministre déléguée à l'égalité entre les femmes et les hommes, à la diversité et à l'égalité des chances, présidente de la fondation Femmes@Numérique, membre du board de Sanofi et de la start-up Each One, présidente de LEIA Partners

« Un leader doit être "un marchand d'espérance" »

« Liberté, égalité, fraternité », cette devise qui a fait, en partie, le rayonnement de la France à l'étranger, et la fierté de beaucoup de Français, est en panne. Nous devons être courageux et admettre que certains de ces principes, si beaux soient-ils, ne fonctionnent plus pour de nombreux Français. Les aspects environnementaux, sociaux et économiques nous préoccupent, tout comme la globalisation politique. Partout dans le monde, les défis des uns atteignent de plein fouet les autres et un conflit, même lointain, impacte désormais notre propre pays, générant un climat anxiogène permanent.

Admettons-le : les gens ne vont pas bien. Eu égard à mon parcours de cheffe d'entreprise en France et à l'étranger, puis de ministre dans le gouvernement de Jean Castex, ils s'en ouvrent à moi pour trouver une oreille attentive et bénéficier de conseils. Je ressens donc fortement cette crainte diffuse. Cette peur de ne pas s'en sortir et ce manque de perspectives d'avenir. Ce sentiment que les élites sont déconnectées de leur réalité.

Pour autant, je suis admirative de leur propension à ne pas se résigner et à reconnaître qu'il n'y a pas de fatalité.

La France est un pays de révolutionnaires et de contestataires assumés. Cette mentalité est précieuse pour éviter de s'enfermer dans le conformisme et nous garder alertes. Mais elle ne doit pas nous empêcher de voir combien ce pays regorge de potentialités. Nous sommes la septième puissance économique mondiale et nous avons les structures institutionnelles parmi les plus solides au monde. Et si je devais citer une seule raison de le défendre coûte que coûte, j'évoquerais la liberté, droit inaliénable et d'une inestimable valeur.

Mais il ne peut y avoir de liberté sans égalité. Et face à la montée des vulnérabilités, nous devons avoir le courage d'admettre que l'ascenseur social est cassé. Il faut six générations à un enfant d'ouvrier pour espérer devenir cadre… L'on a beau avoir fait des sacrifices pour accéder aux études supérieures, trouver l'emploi dont on rêve n'est pas garanti. Et je fais ce constat en ayant incarné la méritocratie si chère à nos principes républicains : non, il ne suffit malheureusement plus de « bien travailler à l'école » pour réussir. Les discriminations – de genre, d'origine ou de handicap – sont encore une réalité pesante ; et tant que l'on aura moins de 2 % des plaintes pour discriminations qui aboutissent, tant que les souffrances de ceux qui les subissent seront ignorées, tant que nous resterons campés sur nos « tabous et nos totems », comme l'a si bien décrit Roland Lescure dans son ouvrage, la société restera fracturée. Et cela va à l'encontre de l'universalisme à la française.

Dans un tel contexte, comment retrouver l'espoir ?

« L'espérance, disait René Char, c'est la résistance. » Résister au découragement et aux vertus négatives de notre époque est devenu un défi en lui-même.

Chefs d'entreprise, responsables associatifs ou leaders politiques, nous devons faire preuve de courage. Oser tenter des choses différentes, faire un pas de côté, pour briser ce système sclérosé. Einstein disait : « Il n'y a que les fous qui répètent inlassablement les mêmes actions en espérant des résultats différents. » Alors soyons audacieux, embrassons le changement, comme les idées neuves, et avec des personnes nouvelles.

L'éducation est l'outil émancipateur par excellence ? Eh bien, misons sur une meilleure reconnaissance des enseignants et offrons à nos enfants les plus en difficulté des professeurs aguerris !

Assurons-nous qu'aucun enfant ne quitte le système éducatif sans diplôme ou formation !

Revalorisons les métiers manuels ! Nous avons tout autant besoin de plombiers et de menuisiers que nous avons besoin d'avocates et de cheffes d'entreprise !

Prenons collectivement conscience de l'importance de chaque vie et découvrons comment nous pouvons utiliser la biosphère terrestre tout en la protégeant de notre irréfrénable ambition humaine !

Réapprenons les règles de la citoyenneté et du « vivre-ensemble ».

Mais l'école seule ne peut pas tout. Nous avons toutes et tous, à notre niveau, la possibilité d'agir pour construire un avenir plus désirable.

Je crois profondément aux notions de bien commun et d'intérêt général. Jusqu'à récemment, ces responsabilités incombaient essentiellement au politique mais la crise sanitaire de la Covid-19 a rebattu les cartes et révélé de manière extraordinaire la force transformatrice des entreprises.

Dans le monde des affaires, face à la compétition, aux défis et aux pressions, il est facile de se concentrer uniquement sur les chiffres, les profits et les gains à court terme. Mais l'entreprise fait partie de l'écosystème d'une nation et, à ce titre, elle ne peut échapper à son rôle social et environnemental.

Le potentiel d'innovation et de créativité existant dans l'entreprise repose sur son capital humain. Face aux mutations de notre époque, les clients, les partenaires et les employés attendent bien plus que l'efficacité économique. Ils attendent également un engagement citoyen fort. Les dirigeants, les salariés, les syndicats et les actionnaires ont chacun un rôle à jouer.

Unlock Yourself! titre cet ouvrage. Eh bien, je crois que le premier de nos objectifs devrait être d'encourager et d'accompagner la réussite de nos enfants par tous les moyens, qu'importe leurs origines sociales ou culturelles. Pour lutter contre les fractures sociales et les inégalités économiques, ceux qui le peuvent doivent pouvoir aider les autres dans un souci de solidarité nationale salutaire.

Il suffit de le vouloir, et d'essayer. C'est parce que ma carrière m'a permis d'étoffer mon carnet d'adresses, que j'ai réussi à organiser un événement réunissant plus de 800 personnes et créer 442 binômes de mentorat. C'est ce que j'appelle la puissance du lien. L'*Ubuntu*, comme disent les Sud-Africains. Concept intraduisible en français mais qui stipule que nos humanités sont inextricablement liées, que nous avons chacun besoin de l'autre pour acquérir notre pleine humanité.

Je trouve notre jeunesse audacieuse, engagée et volontaire – et je suis convaincue qu'elle a une multitude de choses à nous apprendre.

Faisons-lui confiance.

Voir ces jeunes embauchés, munis d'un simple bac ou BTS, saisir les opportunités de formations continues offertes par leurs entreprises afin d'obtenir un diplôme d'école de commerce équivalent à celui d'enfants de cadres supérieurs, force mon admiration.

Autre sujet qui mérite du courage et un changement de paradigme de nature à redonner confiance et optimisme aux Français serait le retour sur le marché du travail des personnes âgées de plus de 50 ans et particulièrement les femmes.

Un dirigeant d'un certain âge m'avouait récemment qu'il faisait partie d'une génération ayant toujours vu les femmes de son entourage agissant au foyer uniquement. Aujourd'hui elles font des études brillantes, elles clament leur liberté, exigent leur indépendance, un salaire égal, bref, la parité tout simplement ! Pendant des siècles, les femmes ont été reléguées au second plan dans la vie de la cité, subissant une domination patriarcale semblant naturelle. Elles ont progressivement obtenu des droits importants tels que celui de travailler ou d'ouvrir un compte en banque sans l'autorisation de leur père ou de leur conjoint il y a à peine soixante ans ! En 2023 encore, beaucoup de personnes ne voient pas « où est le problème » arguant du fait que, dans notre pays, les femmes ont les mêmes droits que les hommes. Sur le papier, oui. Mais les femmes peinent encore à faire jouer leurs droits de manière réelle et concrète. Les préjugés et les stéréotypes sont encore nombreux. Une femme de plus de 50 ans qui perdrait son emploi mettrait deux fois plus de temps qu'un homme pour en retrouver un ; quand une entreprise doit licencier ou imposer du travail à temps partiel, les premières concernées sont encore les femmes ; ajoutons à cela le fait que moins de 30 % des femmes entreprennent dans notre pays et qu'elles restent confrontées à de sérieuses difficultés d'accès au capital puisque moins de 17 % d'entre elles trouvent des financements pour développer leur structure. Il faut faire preuve d'une certaine audace, d'une bonne dose de détermination et de résilience pour entreprendre, dans l'absolu. Il faut toutefois reconnaître que les femmes sont confrontées à des obstacles que les hommes ne rencontrent pas (le manque de confiance en soi, le syndrome persistant de l'imposteur, l'équilibre vie personnelle-vie professionnelle parfois difficile à trouver…).

Mais puisque nous parlons dans cet ouvrage de la capacité de chacun à surmonter les obstacles, de cette force innée qui nous habite et nous permet de dépasser les épreuves douloureuses de la vie, parlons aussi de ces qualités que celles-ci nous permettent de développer ; l'adaptation aux changements, la ténacité, la curiosité, le sens de l'optimisme et de l'empathie. Dans ces périodes tourmentées où les transformations sont légion, ces aptitudes sont précieuses car elles nous permettent de trouver des solutions là où d'autres ne voient que des problèmes, de rester humbles face à l'inconnu et de cultiver chaque jour notre espoir devant l'avenir. Cette force vive « en stilettos » constitue un puissant levier de croissance souligné à maintes reprises par les recherches les plus sérieuses à l'instar de la *Harvard Business Review*. Comme l'on sait aussi, études à l'appui, que, si les femmes réussissent, c'est parce qu'elles sont moins enclines à prendre des risques inconsidérés, qu'elles sont capables de mener de front plusieurs tâches à la fois et qu'elles sont généralement plus subtiles dans leurs relations interpersonnelles. Pour un résultat encore trop souvent inique.

Malgré tout, les progrès réalisés ces dernières années, l'égalité économique entre les femmes et les hommes est loin d'être atteinte. Tant qu'elles percevront des salaires plus faibles, qu'elles occuperont des emplois plus précaires, qu'elles effectueront 2 à 10 fois plus de travail domestique ou de soins que les hommes et qu'elles cumuleront très largement le travail rémunéré et non rémunéré, cette situation persistera. Ces inégalités économiques représentent pour les pays de l'OCDE un manque à gagner de 9 000 milliards de dollars par an. Ce pouvoir économique permettrait aux femmes non seulement de mieux se soigner, se nourrir et s'éduquer, mais il bénéficierait également à leur famille, à la société et à la nation tout entière. Autant de paradigmes qui montrent combien la route est encore longue, et qu'il faut continuer d'agir en éduquant, en formant, en sensibilisant pour permettre aux femmes d'améliorer leur niveau de vie. Cette indépendance économique, cumulée à une économie inclusive équilibrée et centrée sur l'humain, bénéficierait à toute la nation.

Et je suis convaincue que chaque citoyen peut apporter sa contribution à cet équilibre. Je m'y emploie avec mon association La Puissance du lien, à travers la fondation Femmes@Numérique, et à travers LEIA (Leaders engagés et inclusifs en action), une entreprise que j'ai créée pour accompagner les leaders dans les transformations sociétales vertigineuses de notre époque.

« Le monde est beau, et hors de lui point de salut. » Camus écrit cette phrase à l'âge de 20 ans pour résumer sa vision du monde que je partage profondément ; il n'est de beauté que dans le monde dans lequel nous vivons et il faut en toutes occasions rester conscients de cette beauté, de ce que la vie a de merveilleux à nous offrir, et se battre pour l'entretenir et le protéger.

Les maux de notre époque sont trop nombreux pour qu'un seul homme, une seule femme ou une organisation puisse y trouver toutes les solutions. Mais si, individuellement, nous parvenons à puiser toutes nos ressources, notre force et notre intelligence pour la mettre au service du bien commun, alors, collectivement, nous construirons un monde plus juste, plus harmonieux et plus désirable.

Tous les défis auxquels nous sommes confrontés nous offrent également des opportunités de faire les choses différemment. Qu'elles soient économiques, politiques, sociétales ou environnementales, les défis de cette époque nous offrent la possibilité de construire de nouvelles solutions pour répondre à nos nouveaux besoins.

Dans *Unlock Yourself!*, Alexandre de Navailles et Michel Mathieu nous invitent à puiser dans nos ressources inexploitées et à nous débarrasser des normes existantes pour construire de nouvelles voies. C'est à la fois une liberté individuelle et une responsabilité personnelle qui incombe à chacun de nous.

« Un chef est un marchand d'espérance », disait Napoléon. Soyons tous les chefs de nos vies pour construire ces nouvelles espérances.

Michel Mathieu : *« Le dirigeant doit avant tout donner du sens »*

Diriger devrait toujours se penser comme un mandat. Tout comme il s'agit avant tout de faire œuvre commune avec ses équipes. Écouter, partager, communiquer clairement, et surtout sans travestir la réalité, ni en mieux ni en pire. C'est un préalable. Tout au long de ma carrière, j'ai toujours agi en transparence, animé par la conviction qu'il s'agit de la meilleure façon de fédérer autour d'un projet, d'un objectif qui ait du sens. Et partant, faire croître une entreprise. J'ai toujours appliqué ce principe de vérité dans les entreprises que j'ai dirigées. Constatant que, souvent, les managers avaient, inconsciemment ou non, une idée parcellaire de l'état de santé de l'entreprise, voire une vision biaisée car fondée sur de faux espoirs ou de fausses croyances, nous avons toujours mis un point d'honneur à dresser d'abord une analyse factuelle et sans concession de sa situation financière, commerciale ou sociale. L'intuition, ce surcroît d'intelligence, mue par une longue expérience, tient, à cet égard, une grande place dans ce travail, en particulier pour penser l'avenir. Elle contribue à la vision du dirigeant et est bien plus rationnelle qu'il n'y paraît !

Agir de la sorte nous a permis, à chaque fois, d'établir un diagnostic lucide, exempt de toute idée reçue ou de tout sentimentalisme, puis de construire ensemble une stratégie claire, adossée à des objectifs et des indicateurs de réussite – ou à tout le moins d'avancement – simples, vérifiables, pérennes et de nature à améliorer nos résultats.

Lutter contre cette société de la défiance

J'évoque la sincérité et la transparence car je pense que nous sommes malheureusement entrés dans une société de la défiance. Défiance à l'encontre des grands corps, des institutions, des médias, de l'État… mais aussi des entreprises dans lesquelles désormais on ne fait plus carrière à vie et qui ne peuvent plus protéger d'ailleurs le salarié contre les aléas du marché, de la conjoncture ou de la compétition mondiale. Voilà pourquoi je crois que l'authenticité est plus que jamais primordiale. Particulièrement pour un manager : s'il suscite une forme de scepticisme ou de doute, il perdra en crédibilité ce qui est non seulement complexe à rectifier mais dommageable pour l'entreprise. *A contrario*, une parole limpide est un outil puissant.

De fait, nous avons toujours mis un point d'honneur à expliquer la ligne de force du projet que nous entendions mener à bien, pour le bâtir collectivement. Aucun salarié ne démarre sa journée de travail en souhaitant la saboter ! En revanche, il a besoin de savoir dans quel objectif il travaille, quelle est la portée économique et sociale de son action.

L'approche taylorienne du travail est révolue depuis longtemps et les entreprises qui recrutent le plus facilement aujourd'hui sont celles qui, précisément, proposent une forme de « contrat social » empreint de sens pour le collaborateur. Il faut ainsi rappeler souvent qu'il s'agit du bien commun, être factuel et répondre didactiquement aux questions ou aux « pourquoi » lorsqu'ils affleurent. S'il revient au leader la décision ultime, cet art délicat de trancher, rien ne peut se faire sans susciter l'adhésion, si ce n'est de tous, au moins du plus grand nombre y compris des syndicats en prenant soin de ne dénaturer ni le diagnostic ni le projet. Un management unilatéral ou plus prosaïquement de « petit chef » qui confondrait rétention d'information et pouvoir n'a jamais fonctionné ou à tout le moins ne fonctionne plus aujourd'hui, de la même manière qu'un management qui se voudrait consensuel à tout prix ne mène nulle part ou alors sera très court-termiste.

L'écoute est une arme de construction massive

Pour mettre en route la dynamique d'un projet d'entreprise, l'empathie – et son corollaire, l'écoute – est une arme de construction massive. Je pense que cela doit être une qualité constitutive du manager. Si je devais donner un conseil aux jeunes managers, je leur dirais : « Ne soyez pas le patron que vous ne souhaiteriez pas avoir. » En arrivant à la tête des entreprises que j'ai eu à diriger, j'ai souvent consacré près d'une centaine d'heures à rencontrer mes collaborateurs tout comme j'ai pris le temps de visiter, chaque semaine, certaines agences sans y être annoncé de manière à garder l'effet de surprise et la spontanéité (et en même temps, bien sûr, témoigner de la considération envers les équipes). Ce temps long m'a permis de poser des questions, de jauger, d'être attentif, de comprendre, aussi, ce qui parfois pêchait dans l'organisation, de sa base jusqu'à son faîte. Loin de toute approche technocratique. En agissant de la sorte, j'ai posé les fondations d'une relation de confiance, créant l'opportunité pour les salariés de s'exprimer librement. Je pense qu'ils ont apprécié d'abord le côté direct et humain de ce contact, et l'écoute dont ils étaient l'objet. De mon côté, j'ai glané des pages de notes et autres réflexions, partagées ultérieurement avec le comité de direction, et qui nous ont aidés à établir un diagnostic, à repérer les dysfonctionnements qui souvent ne remontent pas dans nos grandes organisations. Les repérer puis mettre tout en œuvre pour les corriger est une autre preuve de l'attention portée à leurs problèmes.

Je crois sincèrement que le management est avant tout une expérience humaine, à contre-courant d'une quelconque doxa prémâchée dans des manuels. D'ailleurs, ce terme de « management » ne veut rien dire : c'est un mot-valise, censé nimber de prestige quasi magique celui qui porte un titre de manager. Tout le monde veut l'être, c'est un tort. Nous avons besoin d'experts et d'hybrider les compétences.

À ce titre, le respect à l'encontre de ses équipes est fondamental, et doit être assorti d'un niveau d'exigence proportionnel en fonction du niveau hiérarchique auquel on s'adresse. Cela induit à croire à l'intelligence de tous. Il n'existe pas de gens incompétents à proprement parler, simplement des aptitudes, des prédispositions ou des tropismes, et nous demandons parfois à nos collaborateurs des réalisations difficiles éloignées de leurs compétences, en omettant plutôt de valoriser les savoir-faire qu'ils possèdent déjà. À charge pour le patron de mettre à profit habilement la somme de ces expertises composites au service de la croissance. Et de demander à ses collaborateurs des missions plus ardues pour les faire progresser. Une approche humaine du management, outre le diagnostic que cela permet d'établir sur l'entreprise à un instant donné, facilite la détection des forces vives sur lesquelles un chef d'entreprise peut s'appuyer pour impulser le changement qui est toujours une affaire difficile, mais aussi bien sûr pour créer de la valeur.

Exigence et bienveillance doivent aller de pair pour un chef d'entreprise : l'une sans l'autre est un aveu de faiblesse ; l'autre sans l'une est vouée à l'échec car elle engendre de la peur et donc de l'inhibition. Ajoutons à cela que l'empathie est bien sûr aussi le socle sur lequel se bâtit la confiance.

Le client est notre ultime priorité

Peu importe la nature de l'entreprise, la priorité, c'est le client, car il la fait vivre. Notre raison d'être, c'est de rendre un service, d'être utile. C'est trivial et pourtant, il arrive qu'une société perde cette finalité de vue. Gagner de l'argent ne peut pas être le seul but. Ce n'est que la conséquence d'une stratégie mise en œuvre et qui doit conduire à la satisfaction des clients mais certainement pas une fin en soi.

C'est probablement la recherche d'un équilibre entre une entreprise à mission (si l'entreprise ne sait pas quelle est sa finalité et doit se questionner pour y réfléchir, c'est, me semble-t-il, un problème !) et l'objet social de cette entreprise qui bien évidemment définit sa mission ! Le jour de mon arrivée dans certaines des entreprises dont je me suis occupé, j'étais attendu au siège. J'ai préféré me rendre dans une agence, là où bat le cœur du réacteur, là où sont les clients, afin de souligner qu'une société, d'autant plus lorsqu'elle a traversé des zones de turbulences, se renferme parfois sur elle-même en laissant de côté sa raison d'être : servir et satisfaire les clients et, bien sûr, en conquérir d'autres.

Chaque entreprise, chaque marque est mortelle, il ne faut jamais oublier cela ; les Compaq, Polaroid, Kodak, Mammouth, Nokia, Chambourcy, Continent, Banga (malgré tout le talent et l'humour du chanteur Carlos)… et on pourrait allonger cette triste liste (IBM a failli en faire partie), n'existent plus et ne demeurent même plus dans la mémoire collective des jeunes générations.

En matière d'entreprise, l'immortalité n'existe pas : seules la satisfaction continue des clients et donc l'adaptation au changement, adossées à un marketing efficace et une bonne gestion, sont les garantes du développement et de la pérennité d'une entreprise. D'où la nécessité de se remettre en cause régulièrement, de rester continuellement attentif à son environnement, aux nouveaux concurrents, ainsi qu'aux exigences renouvelées des consommateurs. Lorsque j'ai pris la direction d'une des entreprises que j'ai eu l'honneur et le plaisir de servir, celle-ci était en queue de peloton en termes d'indice de satisfaction client. Nous avons alors cherché, un à un, en impliquant tous les salariés, les points d'amélioration. Six ans plus tard, nous sommes troisième et avons même été élus service client de l'année en 2022. Cette année, en 2023, nous sommes deuxième, et figurerons certainement en première place en 2024, tout en obtenant également de nombreux prix liés à la qualité du conseil et du service dans cette entreprise.

Cette réussite est liée à la prise de conscience des collaborateurs et à leur très fort engagement pour redresser l'image du groupe.

Je suis très fier de ce qu'ils ont accompli et je crois sincèrement qu'eux aussi.

Si la recherche du profit est évidemment toujours logée dans la psyché d'un dirigeant, cela ne peut être sa seule boussole. En aucune manière cela ne doit être une fin en soi. C'est un moyen de croître et de se développer, et surtout la résultante d'une stratégie qui doit d'abord être prioritairement tournée vers ses clients.

Tout au long de mon parcours, j'ai commis des erreurs, comme tout un chacun, mais cela m'a toujours fait grandir. L'important est d'aimer ce que l'on fait et les personnes avec qui on le fait. Pour moi, le management est réellement une histoire d'hommes, certainement pas de méthode ni de principes. Qui aurait pu croire que le verbe « aimer » puisse se conjuguer également au sein de l'entreprise ? Et pourtant, à mon sens, c'est une vertu cardinale. Aimer la matière, son sujet, « aimer » ses collaborateurs (au regard de la relation humaine qui s'établit avec eux), avoir foi en leur intelligence, quel que soit leur poste, est une composante essentielle de la bonne marche d'un groupe. Et permet à un patron de conjurer bien des écueils inhérents à la vie de l'entreprise, tels que l'inaction, l'idéologie ou « l'ignorance ». Le cœur est un formidable levier pour fédérer ses salariés. Une entreprise est d'abord une équipe et elle ne fonctionne que si l'on y croit. Cette attention à l'humain – foncièrement sincère – n'est pas contradictoire avec la performance. Bien au contraire. Ma conviction est que l'homme a besoin de se fixer des challenges et de les dépasser. Le manager doit être le premier à les énoncer comme à les incarner car il est celui qui peut influer sur l'engagement et la motivation de ses collaborateurs.

C'est à cette condition que l'on peut être exigeant avec eux, mettre la barre très haut, ne pas regarder derrière soi et avancer. Car les astreindre à un quelconque objectif sans assortir ses attentes de bienveillance avec un cap clairement fixé relève de la coercition, voire de la punition. Je suis de ceux qui s'engagent sincèrement, physiquement même. Une présence, un charisme, une voix qui porte, une proximité : tout compte pour emporter l'adhésion de ses équipes. Il y a une part de jeu, bien sûr, notamment lors de mes coups de gueule dont j'use comme des catalyseurs de prise de conscience mais je ne triche pas. Mon cœur est vraiment sur la table comme le dit fort justement un proverbe cosaque : « Jette ton cœur par-dessus le ruisseau, ton cheval le suivra. »

Il faut tâcher d'être exemplaire, y compris dans les petites choses du quotidien. Plus on est haut dans la hiérarchie, plus on doit créer de la valeur et montrer l'exemple, c'est ainsi que l'on gagne crédibilité et respect.

L'on m'a parfois qualifié de manager exigeant, voire « dur », mais je crois sincèrement n'avoir, comme le disait Henry Ford, « jamais mené une vie d'enfer à qui que ce soit, je leur ai simplement dit la vérité et pour eux c'était un enfer » !

Accélération du temps

Le manager est aussi, à sa façon, un maître des horloges. La mondialisation, la pandémie, la concurrence et plus récemment les difficultés économiques liées notamment à l'inflation et au retournement de la courbe des taux ont joué comme des accélérateurs du temps. Même s'il est parfois très long de mettre en route les salariés autour d'un objectif, l'environnement macroéconomique impose de mener des actions rapides, sous peine de se laisser distancer par des compétiteurs : le temps s'accélère. Je suis convaincu qu'il vaut mieux être agile et imparfait plutôt que le contraire (Paul Valéry disait d'ailleurs que « tout ce qui est simple est faux, mais tout ce qui est compliqué est inutilisable ») et risquer alors d'être en retard par rapport au marché. Je crois au concret, pas aux grands raisonnements. Sans action, la réflexion est stérile, « les hommes ne sont pas ce qu'ils pensent, ils sont ce qu'ils font », quitte à s'améliorer, plus tard, tout au long du chemin.

Ce n'est pas un rôle toujours simple car cela induit à faire peser une pression, voire un stress, sur les épaules de ses collaborateurs, mais si l'on a été explicite sur l'objectif à atteindre, sur les enjeux que cela représentait pour l'entreprise tout en restant humain, c'est un gage de succès. Bien sûr, cela demande détermination et courage. Autant de qualités essentielles pour un dirigeant. Ce mélange d'audace et d'énergie est fondamental pour ne pas dévier de la route que l'on s'est fixée et mener à bien ses ambitions. C'est « en avoir ou pas », comme le disait Ernest Hemingway, au risque de choquer, de heurter le conformisme et la bien-pensance.

C'est le même courage dont il faut faire montre dans le secret de sa solitude pour prendre des décisions difficiles. Ces arbitrages, parfois inflexibles et incompris, qui feront que votre entreprise va prospérer ou pas. D'ailleurs, sauf en cas de circonstances exceptionnelles, avoir du courage, c'est également décider qu'une stratégie, une fois arrêtée et partagée avec tous, ne se discute plus, sauf bien sûr si la réalité change ; il faut alors remettre son métier sur l'ouvrage.

Tout cela implique d'être sûr de soi, du cap à tenir. Car oui, même si l'image est éculée, un patron est un « capitaine ». « On considère le chef d'entreprise comme un homme à abattre ou une vache à traire. Peu voient en lui le cheval qui tire le char », disait Winston Churchill.

C'est aussi la grandeur de notre charge, construire, avancer, surmonter ses doutes et ses peurs… Le dirigeant se doit d'élaborer une vision, des valeurs, une volonté, un calendrier. Et s'y tenir. Vous êtes dirigeant, les collaborateurs doivent vous suivre et non le contraire. Pour autant, les choix ne doivent pas être réalisés dans la solitude de son bureau, mais confrontés, partagés, expliqués, tout le contraire de l'arbitraire. Je discute beaucoup, j'écoute, y compris et même surtout ceux dont l'avis est différent du mien, je fais le tour des forces vives de l'entreprise et ensuite je tranche. Si je me trompe, je revois ma copie sans craindre le jugement. C'est une vraie source de motivation quotidienne. Et aussi une fierté d'avoir associé presque dix mille collaborateurs pour construire ensemble le projet pour notre entreprise.

J'ai la faiblesse de croire que cette dynamique a été rendue possible car les salariés se sont sentis écoutés et respectés. À l'heure du télétravail devenu quasiment une norme, postpandémie, nouveau modèle d'organisation et de relation au travail, obligent, je pense, néanmoins qu'il faut veiller à garder des plages de travail d'équipe, de rencontres, de temps commun avec son management mais particulièrement avec les jeunes embauchés. Prôner le « tout à distance » n'est pas un enjeu technologique – presque tout est possible techniquement aujourd'hui pour y faire face – mais je pense que cela bouscule la symbiose du corps social que constitue précisément l'entreprise.

Ne pas s'enfermer dans les certitudes du passé

Car susciter la confiance lorsque l'on est dirigeant repose aussi sur une bonne compréhension de la culture de l'entreprise. Toute organisation possède un corps social, une histoire, des habitudes… Comme un être humain, et cela évolue en permanence. Mieux vaut adhérer à ce bagage, en comprendre les rouages et ne pas lutter contre, sous peine de se trouver confronté à une tâche herculéenne qui ralentirait la bonne marche du groupe, mais, d'un autre côté, l'histoire d'une entreprise ne peut pas et ne doit pas être un alibi à l'immobilisme !

Je cite volontiers ce passage du *Discours de la servitude volontaire* d'Étienne de la Boétie :

« On raconte que Lycurgue, le législateur de Sparte, avait nourri deux chiens, tous deux frères, tous deux allaités au même lait. L'un était engraissé à la cuisine, l'autre habitué à courir les champs au son de la trompe et du cornet. Voulant montrer aux Lacédémoniens que les hommes sont tels que la culture les a faits, il exposa les deux chiens sur la place publique et mit entre eux une soupe et un lièvre. L'un courut au plat, l'autre au lièvre. Et pourtant, dit-il, ils sont frères ! »

Ce que j'appelle comme une forme de boutade la « pieuvre », c'est cette capacité des entreprises à vous étouffer lentement dans les certitudes de leur passé, de leurs habitudes et de leurs comportements renforcés par des structures hiérarchiques pesantes.

Cette culture d'entreprise peut vous ôter toute envie d'agir. Voilà pourquoi il faut procéder différemment, plus intelligemment, à savoir composer avec ses ressorts positifs, gommer ses points faibles et non les combattre.

Être agile intellectuellement, avoir du courage et du cœur, tout cela est constitutif d'un manager. Mais diriger signifie également tendre vers une posture de conseil et de soutien, à l'opposé d'une quelconque démarche autoritaire. J'aime partager le fruit de mon expérience. Ainsi, je considère que ma mission au quotidien consiste aussi à faire grandir mes collaborateurs, quitte à parfois les pousser dans leurs retranchements, mais toujours pour extraire le meilleur d'eux-mêmes. Je suis étonné de constater que, lors des entretiens d'évaluation, les collaborateurs se voient souvent attribuer une note médiane. Les responsables hésitent à aller dans des « extrêmes » positifs ou négatifs, pensant ainsi acheter la paix sociale. Mais il n'en est rien. En réalité, cela obère le futur des individus en ne les aidant pas à progresser et en démotivant les autres. J'ai coutume de dire que l'environnement de travail n'est pas l'école des fans. La comparaison peut prêter à sourire mais là est le rôle d'un décideur : donner à ses équipes des défis réalisables, souligner ce qui va et ce qui reste perfectible, si erreur il y a, les pardonner de façon constructive plutôt que cassante, accompagner pour faire progresser… En somme, l'ancien mauvais élève qui sommeille en moi croit profondément en la méritocratie et dans la capacité à changer, à progresser en permanence ! Il faut avoir chevillée au corps l'envie de se dépasser, de se prouver à soi-même et aux autres que la volonté permet de se dépasser et nous rend capables de réussir. Je ne suis d'ailleurs pas favorable aux règles gravées dans le marbre qui mettent en avant un diplôme ou un grade et, partant, une grille salariale automatique. Pour moi, la récompense va à celui qui crée de la valeur. Les galons d'un collaborateur quel que soit son niveau ne sont pas un passe-droit, mais plutôt une incitation à mieux faire en recherchant toujours l'excellence pour l'entreprise. Je crois aux compétences et à l'envie d'évoluer, à la volonté, à la curiosité d'apprendre partout et toujours dans tous les domaines, dans un espace professionnel qui se doit d'être une source d'épanouissement. Si quelqu'un a des idées, lesquelles sont à même de créer de la valeur, alors il n'y a aucune absence de diplôme qui tienne pour ne pas faire évoluer cette personne. Je l'ai d'ailleurs expérimenté récemment avec une jeune femme très méritante à qui nous avons de fait confié des responsabilités importantes dans lesquelles elle excelle par son engagement, son humanité et sa volonté de progresser, car je suis convaincu qu'il n'y a pas de progrès sans projet, dans l'entreprise comme dans la société.

La volonté est un outil puissant.

De trente-cinq ans de management, de mes réflexions et de mes lectures, j'ai tiré deux enseignements : « La vie est un peu comme une pièce de théâtre : ce qui compte, ce n'est pas qu'elle dure longtemps, mais qu'elle soit bien jouée », comme l'a écrit Sénèque, par ailleurs, j'ai foi dans le fait qu'avec de la détermination on peut surmonter tous les obstacles. À ce titre, trois tableaux m'ont toujours accompagné dans mes bureaux successifs, intitulés « Détermination » (un nageur dans l'effort), « Esprit d'équipe » (des parachutistes en cercle) et « Persévérance » (un homme qui court dans le désert).

Un mémento sur la nature de mes convictions.

Je crois profondément qu'un dirigeant doit toujours garder une petite flamme allumée pour lui rappeler que tout est possible. En plus de l'intelligence, du courage et du cœur, l'enthousiasme est aussi une disposition nécessaire. Je souscris à ce principe selon lequel on ne peut être patron et désespéré : le soleil brille forcément quelque part.

Alexandre de Navailles : *« Être toujours en alerte »*

En préambule, et même si c'est un lieu commun, je dirais que la puissance de travail est un prérequis pour tout dirigeant. Pour ma part, c'est ce qui m'anime profondément. Mon énergie s'est toujours nourrie du développement de nouveaux projets, de conquête de résultats avec une équipe, de défis à relever. Je ne suis pas quelqu'un d'académique à proprement parler mais un travailleur tenace, oui, et j'ai un grand sens du service. Diriger une école de management alors que je ne suis pas issu du monde de la recherche mais de l'entreprise était disruptif, autant qu'une gageure. Pourtant je n'y vois aucun paradoxe, au contraire. Créer des passerelles entre l'univers des affaires et celui du savoir, importer des méthodes élémentaires mais pragmatiques, introduire des facteurs de mesures factuels, considérer la satisfaction des étudiants de la même façon que celle des clients, évaluer l'engagement des collaborateurs ainsi que la performance globale de notre établissement, parler la même langue que les recruteurs... Toute cette expérience, ces approches différentes, loin de se phagocyter, s'enrichissent mutuellement. Cette appétence me stimule infiniment. Elle a constitué, et constitue encore, mon *carburant* au quotidien. Cette dynamique, passionnante, me donne chaque matin envie de travailler, y compris – surtout même, serais-je tenté de dire ! – face aux difficultés. La rémunération peut être un moteur, certes, mais je pense sincèrement, ça l'est du moins dans mon cas, que c'est secondaire. Imaginer, entraîner, produire est bien plus galvanisant, même si l'on travaille quinze heures par jour. Posséder cette motivation, cette exaltation, est, pour un dirigeant, la meilleure des adrénalines pour inspirer ses équipes. J'irais même jusqu'à stipuler que c'est un devoir : qui peut trouver de l'inspiration auprès d'un manager atone, ou à tout le moins sans charisme ni leadership ?

La légitimité se gagne à force de travail, de résultats, et de la façon dont on les obtient. À l'instar d'un chef d'orchestre qui fait en sorte que tous les musiciens, peu importe leur instrument, jouent ensemble leur partition, un manager se doit de s'assurer que tous ses collaborateurs sont mobilisés vers un but commun. Faire travailler des gens à l'unisson, en cassant les codes, est d'une richesse infinie. Cette synchronisation, à l'image d'un subtil ballet, exige d'un patron qu'il sache où il va, qu'il ait une vision. S'il doute, est moins alerte ou tout simplement fatigué, cette alchimie ne fonctionne pas.

À l'inverse, et même sans livrer la bataille de Camerone tous les jours, s'il est concentré sur ses objectifs, puissant, aligné, je sais d'expérience que l'entreprise prospère.

De l'importance de s'appuyer sur ses équipes

À cet égard, le mot *empowerment*, intraduisible correctement en français – et c'est regrettable –, prend tout son sens. Car je crois profondément que le propre d'un dirigeant, c'est de savoir faire confiance à ses équipes, de déléguer et, partant, d'embaucher les meilleurs pour être pleinement efficace. Soyons précis, il ne s'agit en aucune façon de se défausser, ni de devenir un roi fainéant, mais bien de leur donner, comme l'induit parfaitement ce vocable, du « pouvoir », une autorité ou une forme de commandement, peu importe le qualificatif. J'insiste sur ce point : personne n'est omniscient ! Il faut ainsi faire montre d'humilité et ne pas hésiter à hybrider les savoirs, en partant du principe que c'est fécond. Puis, en conséquence, s'appuyer sur les compétences idoines, sur des collaborateurs qui excellent dans leurs domaines d'expertise, sans le craindre. Personne n'est irremplaçable, le monde des affaires en est jalonné d'exemples, et s'entourer d'incompétents pour se faire valoir n'y change rien. D'ailleurs, le meilleur manager est celui qui est capable de quitter l'entreprise, en ayant imprimé sa marque, mais sans que celle-ci n'en pâtisse.

Je n'ai jamais étudié le marketing, par exemple, mais j'ai toujours eu dans ma garde rapprochée des personnes talentueuses dans ce domaine pour le pallier. Aujourd'hui, pour illustrer mon propos, je m'appuie avec bonheur et conviction sur le doyen de KEDGE, conscient qu'académiquement son expérience est plus encyclopédique que la mienne, mais que les méthodes de management acquises lors de mon parcours chez Hertz sont plus que profitables à l'école.

Je pense sincèrement qu'il ne faut pas hésiter à confier certaines tâches à des personnes meilleures que soi pour être efficace. Un dirigeant n'est pas forcément celui qui contrôle tout, il doit s'appuyer sur les autres, en leur conférant une réelle autonomie. Il lui revient de trancher – mon tropisme anglo-saxon m'a appris à décider rapidement, souvent et sans états d'âme – mais il doit lâcher la bride. C'est à cette condition que l'on libère les initiatives et qu'une entreprise se développe. Tout en maintenant un cap clair, bien sûr, et en exigeant des résultats.

Les diplômes comptent moins que la puissance de travail

Pour ce faire, il faut aimer les hommes. Profondément. Et croire au potentiel de tous. Il est stérile de classer un collaborateur, *a fortiori* négativement. Car croire en l'homme, c'est considérer d'abord que tout un chacun est perfectible, moi inclus, et que l'on s'améliore chaque jour. Il est primordial de connaître ses équipes, de les comprendre, je passe d'ailleurs plus de la moitié de mon temps à m'occuper de ressources humaines. Mes collaborateurs savent que mon bureau est ouvert et je mets un point d'honneur à susciter du dialogue. Cela implique d'être à l'écoute, d'offrir du temps et des évaluations régulières. C'est un préalable pour détecter un talent au sein de l'entreprise, sans se préoccuper ni de sa formation ni de son parcours précédent – cela a pu être un critère de recrutement, mais cela perd de sa pertinence avec le temps. Les diplômes comptent moins que le travail fourni, j'en suis convaincu. Cela peut vous sembler paradoxal, pour quelqu'un dans ma posture, d'avancer un tel postulat ? Il n'empêche. Mon objectif comme mon rôle sont d'offrir un bagage robuste, des outils affûtés, un esprit critique. Le diplôme ouvre plus d'opportunités ; il incarne le début d'une aventure, certainement pas une fin en soi. Ma hantise, à l'instar d'autres dirigeants j'imagine, ce sont les clones issus des mêmes établissements, des mêmes quartiers, des mêmes cercles. La différence nourrit, stimule, vivifie. Une envie, une ambition, tous ces chemins de traverse, ces sentes atypiques, voilà ce qui marque les esprits dans une entreprise et confère à un candidat ou salarié ce petit supplément d'âme. Pas un bout de papier.

Recruter ou promouvoir sur la seule foi d'un CV aux lignes supposément impeccables quand vous avez des personnes qui, à l'heure de la mondialisation, viennent dorénavant des quatre coins du globe, est-ce réellement adapté ? À 22 ans, fraîchement embauché, et parce que j'avais fait montre d'un engagement sincère, je rapportais déjà à un vice-président international du groupe pour lequel je travaillais à l'époque. C'est d'ailleurs un conseil que je donne régulièrement aux jeunes : « Sachez ce que vous voulez pour le coup d'après et exprimez-le. Impliquez-vous pleinement dans le travail, vous serez repéré et l'occasion de diriger vous sera donnée, à votre tour. »

La beauté de l'entreprise, c'est que les salariés, tous ensemble, constituent un corps vivant avec des ressources diverses, intelligentes, créatives. À charge pour moi, en qualité de dirigeant, de les laisser s'exprimer, en paroles et en actions. Tout comme cela demande des qualités d'adaptation, de sortir du cadre, de temps à autre. Chose qui me caractérise. Lorsque je dirigeais Hertz, je passais, avec la même aisance et dans le même costume, d'un atelier « quelque peu graisseux » à un rendez-vous avec un ministre, en passant par un déjeuner avec des clients. L'essentiel est de rester soi-même, cohérent, sans donner l'impression que l'on joue un rôle. Rien ne sert de tricher ou de se composer un personnage. Au contraire : l'expérience m'a montré, en agissant de la sorte, aussi bien avec un mécanicien qu'avec un patron d'agence ou un membre du comex, que l'on gagne la confiance de ses salariés.

Le temps du management pyramidal, un brin condescendant parfois, est révolu. Et c'est heureux. Pour accorder du crédit à un dirigeant, il faut l'avoir vu, entendu, s'en sentir proche, sinon ce n'est qu'une fonction et aucune équipe ne peut se sentir embarquée dans un projet d'entreprise par une fonction.

Privilégier l'humain

C'est pourquoi j'accorde de l'importance à créer du lien avec mes collaborateurs autour de circonstances variées : un dîner, une activité disruptive, un séminaire, rire ensemble aussi, je saisis chaque occasion de créer du lien. Aucun patron ne peut se contenter de réunions de reporting, il faut de la cohésion et, sans parler réellement d'amitié, cela passe par ces échanges un peu à part.

Tout cela nécessite d'être plus authentique et transparent mais ouvre aussi, par conséquent, le champ à la critique. Et cela, il faut savoir l'accepter comme avoir la simplicité de se remettre en question lorsque c'est nécessaire. Rares sont les carrières linéaires : on apprend tout au long de sa vie. À 47 ans, c'est encore le cas pour moi et je me développerai encore en observant, en accomplissant, en me trompant aussi. L'échec, les déconvenues diverses font partie du cheminement et ne doivent en aucune façon brider la prise de risque. Peut-être ne le rappelle-t-on pas assez. Ma nature optimiste m'a d'ailleurs presque systématiquement conduit à ne voir que des opportunités lorsque l'on me parlait d'obstacles et à croire fermement qu'aucun problème n'est insolvable. Je ne suis ni fou ni irréaliste ; je ne suis pas doté d'une intuition démesurée, mais lorsque j'ai compris quels seront les enjeux, les retours sur investissement, je ne tergiverse pas longtemps et embrasse alors la circonstance qui se présente.

Apprendre à nos étudiants que l'infortune ou les déceptions constituent finalement une aubaine formatrice, surtout à leur âge, fait partie de ma mission. On peut, on doit se tromper ! Rien n'est figé, il faut néanmoins garder ancrée la volonté de mieux faire la fois suivante, maintenir de hauts standards d'exigence et viser l'*extra mile,* comme disent les Anglo-Saxons. L'inverse du *quiet quitting,* cette tendance très analysée récemment. Je dois dire que j'admire plutôt cette jeune génération qui n'a jamais eu autant envie d'entreprendre.

Me remettre en question a été une constante en vingt-trois ans de carrière chez Hertz, ayant eu l'occasion de changer de postes régulièrement, et c'est le nouveau défi auquel je m'attelle depuis que j'ai pris la direction de KEDGE en 2020. Passer d'un groupe américain à une école de commerce française, voilà une vraie transition en termes de conduite du business ! Mais ô combien enrichissante.

Le management à l'américaine induit que, lorsqu'une une décision est prise, le rouleau compresseur se met en route jusqu'à atteindre l'objectif énoncé. On ne tergiverse pas. La culture du risque est plus présente et l'erreur n'est pas stigmatisée. On se trompe ? On recommence, dans une sorte de mouvement perpétuel. Et j'avoue avoir trouvé cela confortable. En France, nous sommes ainsi faits, qu'il est communément admis dans la culture d'entreprise de réfléchir plus longuement, d'analyser, d'argumenter avant de décider. Nous possédons une créativité et une finesse d'analyse indéniables, mais malheureusement cela freine parfois la mise en œuvre de projets, pourtant essentiels à la croissance.

Une volonté de transmettre

Passer du monde de l'entreprise, qui plus est cotée et américaine, à KEDGE, laquelle repose sur un modèle associatif, l'équation aurait pu être détonante. Surtout qu'à l'inverse du corps enseignant que je côtoie désormais chaque jour, je n'ai ni doctorat ni agrégation. Et pourtant, cette mission est d'une richesse incommensurable. Préserver l'émulation intellectuelle, donner une impulsion, mettre en place une organisation efficiente, appliquer une logique plus entrepreneuriale, développer une véritable « expérience étudiante », tout cela est passionnant. D'autant que je suis très attaché à la notion anglo-saxonne de *give back*. Autrement dit partager, transmettre, surtout auprès d'une population jeune à l'instar de nos étudiants. Il est trivial de dire que nous vivons dans un monde très concurrentiel et pourtant, c'est bien ce à quoi nous devons préparer nos élèves, et à ce titre beaucoup de sujets rejoignent ceux de l'entreprise.

Alors, dans cette nouvelle vocation qui est la mienne, j'essaye d'apporter une gestion de la performance, de susciter l'engagement des collaborateurs et, bien sûr, d'avoir une ambition haut placée. Je découvre un nouvel écosystème et je reste ouvert. Car là se situe un autre rôle du manager : ne pas rester englué dans des certitudes, être ouvert à un monde différent du sien, apporter des méthodes, certes nouvelles, mais également rester à l'affût de tendances disruptives ou de business adjacents, sources de croissance. C'est précisément ce que j'ai en tête en voulant tourner résolument KEDGE vers l'international et un environnement plus digitalisé.

Notre force, ce sont les deux cents chercheurs et autres professeurs qui constituent la colonne vertébrale de l'école. Par essence, ils sont très autonomes et en même temps attendent beaucoup de l'institution. J'ai conscience qu'il m'incombe de ne pas les brusquer tout en développant notre institution. C'est une pression, mais positive. Équivalente à celle de l'acteur qui monte sur scène ou du sportif juste avant une compétition. J'ai d'ailleurs toujours veillé, au cours de ma carrière, à proscrire le mauvais stress. Celui qui vous empêche de réfléchir ou peut vous rendre agressif. C'est non seulement contre-productif, mais un dirigeant doit toujours garder à l'esprit qu'il est observé en permanence et que de son humeur dépend aussi la bonne marche de l'entreprise. Fort heureusement, et peut-être suis-je atypique, mais je ne connais pas le stress sauf celui qui s'apparente plutôt à de l'adrénaline bénéfique.

Est-ce que tout cela s'acquiert avec l'expérience ? Peut-être. Pour autant, un jeune manager n'est pas moins performant. Bonaparte fut général à 25 ans, Mark Zuckerberg milliardaire à 23 ans et Emmanuel Macron président de la République à 39 ans, les exemples sont légion. C'est une question de vision, de capacité à fédérer autour d'un projet, de savoir remettre en cause sa stratégie lorsque cela s'impose.

Je constate néanmoins que les jeunes sont plus enclins à prendre des risques, plus entreprenants, plus agiles. Il y a une forme d'insouciance, peut-être même d'inconscience – et moins de charges aussi, il faut l'admettre ! –, qui fait aller de l'avant. D'ailleurs, il serait intéressant d'équilibrer, pourquoi pas, les comités de direction. Comme on a prôné l'équilibre hommes-femmes, dans les conseils d'administration notamment, il serait probablement avantageux d'y introduire des membres de 20, 30 ou 40 ans. Une bonne façon, en tout cas, de concilier fougue et sagesse, sens du risque et expérience.

S'il y a une empreinte que je veux laisser d'ailleurs, c'est d'avoir su former de futurs dirigeants, efficaces et opérationnels. Des jeunes pragmatiques, avec un esprit critique et stratégique, mais résolument amarrés dans le concret. C'est la raison pour laquelle nous mettons l'emphase sur l'apprentissage. Et en tant que dirigeant, j'aurais alors le sentiment d'avoir rempli ma mission et d'avoir été utile.

Car, *in fine*, ce que j'ai appris en montant dans la hiérarchie, c'est la responsabilité qui en découle, une responsabilité qui, avant tout, m'oblige. Laquelle se traduit par un impératif au quotidien : être toujours en alerte, « *to be on your toes* », disent les Anglo-Saxons. J'ai toujours fait mienne cette notion qui implique que j'ai un devoir envers les autres et l'entreprise. C'est cette forme d'obligation de résultat qui m'anime au quotidien.

Entretien croisé

Michel Mathieu et Alexandre de Navailles : *« Saisissez toutes les marges de manœuvre qu'un dirigeant vous octroie ! »*

Pourquoi cet échange à deux voix ?

MICHEL MATHIEU – En sympathisant, nos échanges sont devenus, au fil de l'eau, de plus en plus nourris et intéressants, en dépit – ou peut-être à cause ! – de notre différence d'âge. Nous convergeons sur beaucoup de points mais, prisme générationnel oblige, ou parcours différents tout simplement, nous sommes en opposition sur d'autres, ce qui reste enrichissant.

Ma carrière, variée, touchant à sa fin, j'ai aussi envie d'exprimer un point de vue, qui, je l'espère, alimentera la réflexion d'autres chefs d'entreprise.

ALEXANDRE DE NAVAILLES – Dans l'absolu, il est riche de confronter plusieurs voix, qui plus est avec Michel que j'aime beaucoup. J'apprécie, de la même façon, son approche pragmatique du management. Il nous tenait également à cœur de partager notre expérience, le plus honnêtement possible, sans en faire un exercice d'ego.

Le travail reste une valeur essentielle

Ces dernières années ont profondément changé la vision du travail, et de ce fait celle de l'entreprise : désinvestissement supposé ou non, conciliation avec la vie personnelle, besoin d'autonomie… quelle est votre appréciation sur le sujet ?

ALEXANDRE DE NAVAILLES – L'on entend ici ou là que le travail est moins central pour les Français. Selon moi, cela reste une valeur essentielle, mais les aspirations de mes compatriotes, particulièrement chez les moins de 30 ans, ont à l'évidence évolué. La volatilité s'est accentuée et cette génération donne l'impression de consommer ce qui lui convient. Beaucoup parmi mes pairs le constatent, un jeune arrivant en entretien aujourd'hui va d'abord chercher à savoir ce qu'il va pouvoir obtenir avant de dire : « Voilà qui je suis et ce que je peux vous apporter. » Le paradigme est inversé. À l'heure actuelle, le fraîchement diplômé semble être en position de choisir et non le recruteur, ce qui est assez déconcertant. Les jeunes « consomment » les emplois comme d'ailleurs ils « consomment » aussi leurs études aux motifs qu'ils ont payé et que leur diplôme est presque un dû, mais cela ne marche évidemment pas comme ça. Alors dans ce contexte, la question à soupeser est : comment faire en sorte de fidéliser les recrues et d'éviter qu'elles quittent l'entreprise au bout de dix-huit mois ? Comment, en qualité de recruteur, leur démontrer qu'une carrière professionnelle est multiple, enrichissante et source d'élévation, d'une certaine façon ?

MICHEL MATHIEU – Le travail qui était pour nos générations l'alpha et l'oméga de l'accomplissement de leur vie n'est aujourd'hui considéré, au pire, que comme un moyen de subsistance, au mieux, que comme un mal nécessaire, quoi qu'il en soit, connexe. Je l'observe en tout cas dans la banque et plusieurs phénomènes sont à l'œuvre pour décrypter cette tendance : une certaine vigueur du marché national de l'emploi, un management parfois encore trop vertical, la transformation digitale, l'apparition des banques en ligne, l'avalanche de tâches réglementaires inintéressantes, les fermetures d'agences… Tout cela, additionné à une communication relativement pauvre de notre corporation sur l'utilité de notre métier, a contribué à accélérer la désaffection des jeunes vis-à-vis de nos métiers. En 2021, les banques employaient 350 000 personnes, or 30 % des jeunes embauchés jettent l'éponge au bout de deux ans. C'est un gâchis externe et interne. Externe, car les clients n'aiment pas changer souvent d'interlocuteurs, et interne, car les coûts de recrutement et d'apprentissage sont très élevés, voire perdus !

Nous n'avons pas assez expliqué au grand public la valeur de nos métiers. Or nous permettons aux particuliers, aux professionnels de réaliser leurs projets, leurs rêves, de créer de la valeur pour la société et pour eux-mêmes. Nous vendons du temps accéléré (qui pourrait autofinancer sa résidence principale, son usine… sans recours aux banques ?).

Notre métier est utile et noble : il est important de le rappeler.

Notre société va se transformer profondément, se décarboner, sans les banques, rien ne serait possible !

Loin d'être des freins à ces transformations, elles permettent, au contraire, de les accélérer.

ALEXANDRE DE NAVAILLES – Il est vrai que ce désamour est particulièrement palpable avec les conseillers bancaires, c'est pourquoi nous travaillons ensemble avec Michel à élaborer une formation diplômante de nature à conserver les collaborateurs en leur offrant des perspectives d'évolution. Laquelle serait financée par l'entreprise.

MICHEL MATHIEU – Cette réflexion est importante car, comme je le disais, nous investissons beaucoup sur eux. Nous devons donc leur démontrer qu'ils peuvent évoluer.

Les conseillers peuvent tout à fait passer dans la banque privée par exemple ou travailler sur d'autres produits financiers. J'ai commencé comme guichetier, puis conseiller, ensuite j'ai été patron de la « division » agriculture, alors que je suis juriste de formation et que je n'y connaissais pas grand-chose, il faut bien le reconnaître. Je suis donc la preuve que l'on peut se frayer un chemin vers le haut de la pyramide. D'autant plus que l'ère des formations un peu rébarbatives, dites « à l'ancienne », dans des salles de classe, est totalement révolue. Aujourd'hui, chacun a les moyens d'accéder à un levier d'évolution, digital et moderne, sous réserve bien sûr de vouloir faire cet effort.

Continuer à se former est une formidable opportunité d'évoluer

ALEXANDRE DE NAVAILLES – Je trouve intéressant que les entreprises se questionnent autour du sujet de l'apprentissage, endogène notamment, en se disant qu'il est indispensable. Aujourd'hui, elles évoluent et étudient la possibilité de mélanger la formation interne avec celle d'une école de commerce. Une façon de lutter contre le turn-over. Ainsi, si au cours de ses trois années d'intégration, on explique à un embauché de fraîche date qu'il peut valider, en continu, plusieurs blocs et que cela débouchera sur un diplôme qu'il n'a pas pour l'instant, c'est une formidable opportunité. Prenons l'exemple d'un salarié qui intégrerait une entreprise avec pour bagage universitaire un seul BTS, il pourrait avec un tel parcours valider dans un premier temps un bachelor, voire plus tard un master, c'est stimulant.

Pour autant, il ressort de plusieurs recherches récentes que le travail, lequel nous occupe toute une vie, est perçu entre absurde et espoir, peinant à combler des failles existentielles…

ALEXANDRE DE NAVAILLES – J'ai conscience de prendre le contre-pied de la doxa ambiante, mais cette jeune génération qui réclame du sens à sa vie me pose un problème. Lorsque la question affleure, je réponds toujours à mes étudiants que c'est à eux de le trouver, certainement pas à leur employeur de le leur indiquer. Ils doivent réfléchir par eux-mêmes, s'engager dans les études qui correspondent à leurs aspirations et choisir les entreprises dans lesquelles ils vont travailler en conséquence. Je ne comprends pas très bien la nécessité pour une entreprise de se qualifier d'être « à mission », comme une rustine face au désengagement. Un objet social suffit selon moi. Le nôtre est clair : KEDGE est là pour créer et transmettre des savoirs.

MICHEL MATHIEU – Je pense exactement la même chose. Si une entreprise doit réfléchir, pour moi, elle est dans l'embarras. Cela reviendrait à dire qu'elle doit se justifier. Cela va même plus loin, si, en tant que chef d'entreprise, je me dois de déclarer que je suis une entreprise à mission, c'est que je ne comprends pas ma feuille de route. Dans mon cas, comme banquier, j'ai coutume d'affirmer que je vends du temps pour les entreprises, les entrepreneurs, les particuliers. Du temps pour bâtir un projet, pour acheter une maison ou une société, peu importe. Je suis un facilitateur de vie. C'est assez simple.

ALEXANDRE DE NAVAILLES – Lorsqu'on est dirigeant aujourd'hui, il ne faut pas être grand clerc pour avoir toujours à l'esprit qu'il y a, d'un côté, le profit des actionnaires, mais aussi bien sûr l'engagement et la satisfaction, voire le plaisir des employés et le bien-être des clients, puis, de l'autre, la nécessité de limiter l'impact environnemental de l'entreprise comme de favoriser toute forme d'inclusion. Sans réaffirmer régulièrement et publiquement que l'on est une entreprise à mission, il faut simplement agir. Tout comme il ne faut pas jeter l'opprobre sur celles qui ne l'affichent pas haut et fort. Voici un exemple simple. Jacobs Walter, le fondateur de Hertz, que je dirigeais en France avant KEDGE, avait douze taxis à Chicago en 1918.

Il s'est rendu compte, à l'époque, que trois cent cinquante mille habitants de la ville avaient leur permis mais pas de voitures. Il a donc imaginé de les louer. On connaît la suite de l'histoire. Sans attendre le XXIe siècle, il a compris qu'il y avait un besoin et a apporté une solution. En sachant quelle était sa raison d'être.

D'ailleurs, 90 % du tissu économique français est constitué de PME (petites et moyennes entreprises) et d'ETI (entreprises de tailles intermédiaires). Boulangers, électriciens, fabricants de stores, constructeurs, transporteurs, que sais-je, tous sont utiles à la société, sans pour autant se présenter comme étant transcendés par un but qui les surpasse.

Est-on obligé d'affirmer haut et fort sa raison d'être pour démontrer qu'on en a une ?

Éviter les raisons d'être qui sonnent creux !

MICHEL MATHIEU – Les discours grandiloquents affichant des ambitions à l'horizon 2030 pour résoudre tous les maux de la société sont, d'après moi, plus embarrassants. La RSE (responsabilité sociétale des entreprises) qui a imprégné toutes les allocutions dans le monde des affaires, particulièrement avant la pandémie, est essentielle, a accéléré la prise de conscience et nous en tenons évidemment compte, mais il ne faut pas céder à tous les effets de mode.

Même si l'Europe parlait d'une seule voix, nous ne représenterions que moins de 20 % de la planète ! Évitons, de grâce, les raisons d'être qui sonnent creux avec toutes ces formulations insipides : « bâtir l'avenir », « un monde meilleur », « ensemble »… Je milite pour plus de sobriété dans les promesses et plus de tangibilité dans les accomplissements.

Le seul sujet qui, à mon sens, transcende tous les autres, c'est celui de la transition écologique et de la contribution que chacun d'entre nous se doit d'y apporter. Là, il y a une véritable urgence et il nous incombe d'écouter attentivement les spécialistes du Giec (Groupe d'experts intergouvernemental sur l'évolution du climat). Pour endiguer cette catastrophe annoncée, aucun passe-droit n'est tolérable. Leur dernier rapport est sans équivoque : nous disposons collectivement de suffisamment de connaissances, d'outils et de capitaux mondiaux pour relever ce défi.

En dehors de ça, point de charabia melliflu. Notre objet social est simple : c'est avant tout de satisfaire les clients et d'en conquérir d'autres. Le conformisme généralisé (si bien décrit par Cornelius Castoriadis, philosophe, économiste et penseur avant-gardiste) et cette uniformisation de la pensée ne sont pas de bon augure. Un chef d'entreprise, pour rester au plus près des aspirations de la société et mieux la servir, doit être bousculé et alimenté en permanence. Or, je constate qu'il existe moins de penseurs disruptifs de nature à assumer ce rôle. En tout cas, j'aimerais beaucoup être aiguillonné plus souvent de façon à me faire réfléchir plus avant.

Par ailleurs, je pense qu'il appartiendrait aux pouvoirs publics, au lieu de se « défausser » parfois sur l'entreprise, de fixer clairement les règles et limites de nos actions.

Vous comprenez pourtant que cela puisse être déterminant pour les salariés, comme les futures recrues, de savoir que la vision d'une entreprise est alignée avec leurs convictions ? Qu'un rêve motive plus qu'un plan ?

ALEXANDRE DE NAVAILLES – Je l'entends mais, d'après moi, c'est probablement lié au fait qu'une bonne partie de la population active a perdu ses repères dans le brouhaha ambiant – entre les actionnaires, les syndicats, le turn-over des salariés qui s'accélère, un environnement plus anxiogène – et ne comprend plus vraiment quelle est son utilité dans une organisation. Certains peuvent éprouver une forme d'impuissance à agir sur le monde face à cette information en continu, accessible à tout moment et passablement sinistre. De plus, l'activité professionnelle accapare une large partie de notre temps à tous, l'autre étant, pour certains, captée par l'économie du divertissement – plateformes de streaming, réseaux sociaux… – induisant tacitement de la passivité. Tout cela influe certainement sur la perte de sens et donc une forme de désinvestissement.

MICHEL MATHIEU – D'où l'importance à accorder aux collaborateurs pour leur expliquer convenablement la nature de notre feuille de route plutôt que de l'écrire et la placarder. Parcourir la France à la rencontre de nos antennes régionales, convaincre, échanger sont la meilleure façon de lutter contre le désinvestissement de nos forces vives. Rien ne vaut un contact humain, franc, sincère. Ces dernières années me l'ont encore prouvé.

ALEXANDRE DE NAVAILLES – C'est inspirant, d'ailleurs, cette notion de vendre du temps évoquée précédemment. Dans notre cas, être une association nous permet de ne pas être concentrés sur l'unique lucrativité et d'être labellisés « d'utilité générale ». Les équipes administratives ou le corps enseignant de KEDGE savent pourquoi ils sont là : la transmission. Passer un savoir pour éduquer de futurs managers, heureux, alignés, curieux et pleins d'allant. La gageure est de rendre intelligible cet objet social. À travers la communication et la façon dont je gère mon entreprise, j'ancre cette mission dans la matière.

MICHEL MATHIEU – Je rajoute que j'ai toujours répété à l'envi que ma finalité n'est pas de gagner de l'argent mais d'être utile. En quarante ans de carrière, je n'ai absolument jamais fixé d'obligations de résultat, sonnantes et trébuchantes, en clamant : « J'attends 500 ou 900 millions de résultats. » Mon propos, au contraire, a été d'exhorter les troupes à donner le meilleur d'elles-mêmes.

La finalité d'une entreprise, c'est d'abord d'être utile

Néanmoins, nombreux sont les candidats qui préfèrent, et préféreront à l'avenir, postuler dans ce qu'ils considèrent être des entreprises porteuses de sens, comme Patagonia ou le Groupe SOS, pour ne citer qu'elles. Comment insuffler du désir ?

MICHEL MATHIEU – C'est la résultante de notre époque, je ne le nie pas. J'entends parfaitement cet appel à une forme de cohérence éthico-philosophique, comme j'entends qu'influer sur le monde environnant soit une cause noble.

Je constate par exemple que bon nombre de jeunes filles – sans misogynie aucune – veulent travailler dans la mode, parce que fabriquer un sac de luxe ou des vêtements écoresponsables est plus valorisant, même si ce secteur a la réputation d'être un milieu difficile. Il y a une préférence axiomatique pour les « grands noms », nous sommes conscients de cette réalité.

Cela étant, le patron de banque que je suis affirme que mon métier n'est dénué ni de sens ni d'impact. Au contraire. C'est ce que j'évoquais plus haut. Nous accompagnons et valorisons les projets de vie de tous, nous « vendons du temps » : de la famille souhaitant s'agrandir à l'artisan, plein d'audace et de confiance en son projet, qui souhaite développer son affaire, au chef d'entreprise qui souhaite s'étendre à l'international... Voilà pourquoi j'insiste sur le fait qu'il est déterminant de revaloriser les métiers de la banque et de faire connaître leur utilité et leur rôle social. Petite digression, symptomatique néanmoins : pendant la crise sanitaire, sans les banquiers traditionnels et les prêts accordés à travers les PGE (prêts garantis par l'État) pour aider les entreprises, cette période n'aurait pas été traversée aussi bien. On l'oublie un peu vite...

En définitive, je crois surtout qu'on inspire par la preuve et en étant vrai, peu importe le domaine d'activité.

ALEXANDRE DE NAVAILLES – Une nouvelle génération aura des défis à relever (sociaux, sociétaux, environnementaux) et notre rôle, nous dirigeants déjà en place, est de les y aider, peu importe la nature de notre entreprise. Ce que nous sommes déjà en train de mettre en place, à bien y réfléchir, puisque le changement pour répondre aux questionnements profonds de la société est en marche. D'aucuns la considèrent peut-être trop lente, mais cette transition est indéniablement à l'œuvre dans toutes les organisations. En ce sens, je crois qu'il s'agit d'une mutation coopérative et intergénérationnelle.

Le marché de l'emploi profite d'une embellie, chaque jour des salariés démissionnent, une étude du BCG stipulait même récemment que 34 % des Français envisageaient de quitter leur poste à court terme. Le comprenez-vous et pensez-vous qu'il faille être loyal à son entreprise ?

MICHEL MATHIEU – Hormis le sujet de la rétention des salariés sur lesquels on a investi, de mon point de vue, il n'y a pas de raison particulière d'être loyal à une entreprise. Autrefois, elle protégeait, mais aujourd'hui la garantie d'un emploi à vie, ça n'existe plus. Les cadres l'ont bien compris. Si je n'y trouve pas mon compte, si je n'évolue plus, je ne me sens pas un devoir de dévouement. À charge pour les entreprises de détecter les signaux faibles et les désirs de progression. J'aurai 20 ans aujourd'hui, je ne sais pas si je serai loyal…

Je suis dans mon groupe depuis plus de quarante ans parce que j'ai pu m'y épanouir et que l'on m'a fait confiance.

Préparons la prochaine génération aux défis qui l'attendent

ALEXANDRE DE NAVAILLES – Je suis resté vingt-trois ans chez Hertz, sans avoir la moindre idée du temps que j'y passerais. Mais dès lors qu'on m'a donné l'opportunité d'y progresser, ce qui corrobore ce que nous disions plus tôt, la question ne s'est même pas posée.

MICHEL MATHIEU – Il n'y a pas longtemps, un spécialiste de la data est venu me voir pour démissionner. Lui et sa compagne voulaient partir faire un tour du monde de deux ans, planifiant de vivre cette période grâce à des petits boulots. Il m'a alors demandé si je le réembaucherais à son retour. La réponse était oui, évidemment, car ce sont des métiers dont nous avons besoin. Et, à sa place, j'aurais fait la même chose, voire j'aurais aimé, à mon époque, pouvoir entamer la même démarche ! C'est ce que l'on appelle le « phénomène des salariés "boomerang" », lequel prend de l'ampleur : des personnes qui ont démissionné pour saisir une opportunité professionnelle ou changer de vie puis reviennent au bout de quelques années. Retrouver un collaborateur qui connaît bien les équipes, son métier et la culture d'entreprise est, somme toute, rassurant pour tout le monde et un gain de temps.

ALEXANDRE DE NAVAILLES – Ce n'est pas tant un sujet de devoir vis-à-vis de l'entreprise mais plutôt l'épanouissement qu'elle peut me proposer. Effectivement, si l'on suit son cœur et particulièrement en direction de *jobs that make sense*, il m'apparaît normal de chercher à s'épanouir. Voir d'autres choses, se confronter à d'autres problématiques ou expérience, est toujours fécond. Et, comme le dit Michel, l'évolution du marché de l'emploi est tel qu'il sera bien mieux admis dans un futur proche de revenir dans son entreprise après l'avoir quittée. Pour autant, je maintiens que l'Aventure avec un grand A peut déjà advenir dans sa propre structure, sans chercher une réponse à l'autre bout du globe.

MICHEL MATHIEU – J'ajouterai que, même au poste que j'occupe, je ne me sens pas de devoir vis-à-vis de mon groupe. Je travaille plus de douze heures par jour, en permanence sur le pont, et j'en suis heureux, j'aime ce que je fais, mais il s'agit d'un contrat. Tant que je suis épanoui, cela me convient très bien.

Vous évoquiez une étude du BCG, mais une autre du même cabinet, qui mettait en lumière le fait que 40 % des réunions de managers ne servent à rien. Sans parler des encadrements intermédiaires, qui ralentissent les *process*. Cela peut sembler anecdotique, mais je comprends que cela en décourage certains.

ALEXANDRE DE NAVAILLES – Il est même démontré factuellement que les brainstormings collectifs sont moins efficaces que la réflexion individuelle ! C'est Elon Musk qui dit : « N'ayez pas l'air intelligent. Soyez efficace. » D'un côté, il y a la « brutalité » américaine, autrement dit, on suit la ligne édictée sans remettre en cause la chaîne de commandement et, de l'autre, il y a la subtilité intellectuelle française, ce qui peut faire perdre du temps.

Il faut des gens terre à terre et des visionnaires.

Cela nous ramène au sens et à la vision. Les Américains sont très forts pour ça et n'ont pas forcément besoin de tous ces artifices de communication pour annoncer qu'ils ont une mission. Celle-ci n'est pas répétée à tout bout de champ. C'est écrit sur les murs de l'entreprise et cela suffit : la mission, les valeurs, la vision. On responsabilise les salariés.

Encourager l'audace

Qu'entendez-vous par cette notion de responsabilisation ?

MICHEL MATHIEU – « La main la plus secourable que tu puisses trouver est au bout de ton bras. » Autrement dit, il incombe aussi aux salariés d'avoir du discernement, des initiatives, d'être force de proposition et de ne pas se reposer sur la hiérarchie pour prendre des décisions rapides. D'ailleurs, j'aimerais évoquer la délégation, qui illustre parfaitement ce propos.

Il ne s'agit pas d'un acte purement administratif, mais de la volonté réelle et tangible de donner le pouvoir à ceux qui sont, dans mon métier, au plus près des clients, en l'occurrence les conseillers bancaires.

Dès 2014, dans *Nouvelles Banques*[1], je pronostiquais que leur rôle allait s'amplifier et que pouvoir devait leur être

1. Michel Mathieu, *Nouvelles Banques. Les banques ne seront plus jamais les mêmes*, Nouveaux débats publics, 2014, 249 p.

donné de répondre aux sollicitations des clients, instantanément, dans des situations diverses afin d'apporter des solutions rapides. Cette procuration est un moyen d'impliquer plus avant cette catégorie de nos employés qui constituent le gros de nos troupes, d'amenuiser la hiérarchie intermédiaire et d'accroître l'intérêt de leur fonction.

J'ai ainsi donné aux conseillers la possibilité de rétrocéder immédiatement aux clients jusqu'à 1 000 euros en cas d'erreur de la banque et de les utiliser sans en référer à qui que ce soit, mais ils ne s'en servent pas. Il est frustrant d'accorder sa confiance, et de fait une plus grande autonomie, puis de constater que l'on ne saisit pas les marges de manœuvre qui vous sont offertes. Peut-être est-ce, *in fine*, confortable d'être encadré, de se circonscrire aux règles... Or, il faut oser, d'autant plus que l'on repère mieux ceux qui sortent du lot.

ALEXANDRE DE NAVAILLES – J'ai fait face à la même situation chez Hertz. Nous avions donné la possibilité aux chefs d'agence de donner aux clients un bon-cadeau jusqu'à 300 euros en cas d'erreur. Ils n'exerçaient pas ce droit de peur d'assumer cette responsabilité sans en référer à un supérieur hiérarchique.

Alors comment encourage-t-on ses salariés à plus d'audace, de liberté de manœuvre, et à penser « ***out of the box*** **», comme disent les Anglo-Saxons ?**

ALEXANDRE DE NAVAILLES – En récompensant l'initiative, surtout lorsqu'elle engendre quelque chose de positif, en soutenant la prise de risque et en ne sanctionnant pas l'erreur – jusqu'à un certain point, bien sûr –, comme on a trop tendance à le faire en France. Celle-ci fait partie du parcours de toute vie et doit être acceptée ou vécue comme une occasion d'apprendre. Nous avons instauré cet état d'esprit chez KEDGE. À savoir que nous encourageons les élèves à mettre en pratique assez vite ce qu'ils ont appris en théorie. Et dans ce cadre, l'erreur n'a pas de conséquence. Une mauvaise note, ça se corrige, il n'y a pas de drame.

MICHEL MATHIEU – Dans un registre annexe, puisqu'il ne s'agit pas de notes, je pense qu'en l'état, les évaluations annuelles dans nos entreprises, chronophages, ne servent malheureusement pas à grand-chose, voire sont un exercice fastidieux (satisfaisant seulement les statistiques de nos DRH) et purement administratif. Le plus souvent, il en ressort une moyenne que je qualifie de « molle », comme si tout le monde était au même niveau. Cela n'incite ni à l'audace, ni à la créativité. Pour susciter la confiance et conséquemment les prises de position disruptives, je crois beaucoup en ce que j'appelle le « passé positif ». À savoir la mise en œuvre de projets atteignables qui agissent comme des marqueurs de la transformation. En 2016, notre application mobile était encore peu visible. Trois ans plus tard, en y ayant alloué les moyens nécessaires et en ayant fédéré l'équipe idoine autour de cette ambition, notre application mobile a été élue la meilleure, et ce trois années de suite. Ce type d'action pousse à plus de hardiesse et d'assurance. Cela montre que c'est possible, même si vents contraires il y a. Rappelons d'ailleurs que, de mon point de vue d'homme dont la carrière touche presque à sa fin dans le métier qu'il exerce, le contexte actuel n'est finalement pas plus anxiogène qu'avant : les chocs pétroliers de 1974, les convulsions sur le marché immobilier des années 1990, les crises financières de la fin des années 2000 – ou tout simplement ce que nous traversons actuellement – n'ont pas été des moments agréables non plus, pourtant nous les avons surmontés. Nous devons, nous, dirigeants, réconforter nos équipes pour libérer les énergies.

ALEXANDRE DE NAVAILLES – Il est certain que faire de vraies évaluations est bien plus vivifiant. En aucune façon il ne s'agit d'accabler quelqu'un. Mais avoir ce courage managérial, un sujet de taille pour moi, soude une équipe autour d'un projet et constitue une question d'humanisme.

MICHEL MATHIEU – Bien sûr ! Si vous ne coachez pas un collaborateur pour atteindre des objectifs haut placés, vous ne remplissez pas votre fonction. C'est manquer de bienveillance, précisément, que de lui dire « Ça ne va pas, mais ne t'inquiète pas ça va passer » alors que notre rôle est de l'aider à dépasser ses limites.

ALEXANDRE DE NAVAILLES – Je partage cette assertion. Si l'on considère que 95 % de ses équipes sont excellentes, comment fait-on pour les aider à se développer ? Je pense qu'il faut faire en sorte de proposer des revues d'étapes réalistes, de façon à s'engager sur une voie vertueuse. Repérer les talents distincts, comme un chef d'orchestre, faire en sorte qu'ils s'accordent et se complètent entre eux, avec leurs différences, pour le bien commun.

Sans cynisme aucun, dans une entreprise, il y a 20 % des effectifs qui ne sont pas à la hauteur des objectifs attendus, 60 % qui le sont et 20 % qui excellent. En tant que dirigeant, mon rôle est sincèrement d'aider 10 % de chaque catégorie à atteindre la strate supérieure.

MICHEL MATHIEU – Je souscris à cette idée mais que l'on ne se méprenne pas : en aucun cas il ne s'agit de brutalité. Au contraire. D'ailleurs, la « faconde » et la propension à s'intéresser aux autres sont une aide précieuse et sans doute plus efficace que la seule utilisation de son cerveau. Le bon manager n'est pas plus intelligent que les autres membres de son comité exécutif, mais il est probablement plus déterminé, empathique et courageux. Il faut dire les choses et les faire ; prendre des risques.

Nous sommes profondément animés par l'envie de faire évoluer nos équipes. Winston Churchill disait : « Je n'ai jamais mené une vie d'enfer à qui que ce soit. Je leur ai dit la vérité et pour eux c'était un enfer. » C'est inhérent à notre charge que de remettre en question ses troupes de temps à autre. Je n'ai jamais autant avancé, jeune, que lorsqu'un de mes patrons me faisait des remarques ! Et, d'ailleurs, je les en remercie car ils m'ont obligé à sortir de ma zone de confort.

Devenir une « baïonnette intelligente »

Ne pensez-vous pas que tout le monde n'est pas doté d'un charisme ou d'une confiance en soi à toute épreuve et qu'il s'agit tout simplement de peur, ce qui est humain ?

MICHEL MATHIEU – Je pose la question autrement : est-ce de la peur ou de la commodité ? J'ai un fort tempérament et je ne m'en cache pas. Parfois il m'arrive d'entendre mes employés me dire : « Nous craignons tes réactions. » Ce à quoi je réponds : « Avez-vous peur ou est-ce plus confortable de ne pas me confronter ? » C'est une interrogation réelle. Je n'ai licencié que trois personnes en quarante ans de carrière, c'est peu, vous en conviendrez pour un patron taxé d'impétuosité et de nature à inspirer la confiance, non ? D'après moi, ces remarques relèvent donc de l'alibi pour justifier la crainte d'assumer ses responsabilités. Il m'est arrivé durant la pandémie d'être en télétravail, néanmoins certains continuaient de me solliciter pour valider des dépenses alors que je leur avais donné mon blanc-seing avec une certaine enveloppe ! Il existe d'ailleurs à ce sujet une théorie militaire éloquente : celle du choix qui peut se présenter entre être une « baïonnette intelligente » ou préférer l'obéissance passive. L'exemple évoque la situation d'un soldat qui refuserait d'exécuter un ordre que sa morale réprouve, par exemple raser un village. Parfois, l'obéissance passive est plus confortable et malheureusement cela est arrivé. Et, en langage managérial, c'est ce que j'appelle « avoir du discernement ».

ALEXANDRE DE NAVAILLES – Se circonscrire à sa zone de confort est surtout très inhibant, y compris pour les autres. D'ailleurs, je constate que, lorsqu'on s'approche des postes à responsabilités, l'on manque parfois de courage. Probablement parce que l'on a le plus à perdre quand on arrive en haut de la pyramide. Moi, je souhaite sincèrement que tous puissent prendre ma place. À chacun de trouver son chemin pour se hisser au sommet. Dans une carrière, pour celui qui affiche son ambition, tout est possible.

Le courage managérial, c'est choisir de s'exposer, prendre des risques et des responsabilités, utiliser les latitudes que l'on vous confère. Enfin, accepter que les talents partent ailleurs.

La proximité avec ses équipes est une condition *sine qua non* pour un dirigeant

En quoi diriger est-il différent aujourd'hui et comment le capitalisme doit-il s'adapter ou se réinterroger face aux nouvelles attentes de la société ?

MICHEL MATHIEU – Le capitalisme a déjà évolué. Il y a cent soixante ans, en 1863, Henri Germain, fondateur de LCL, créait des dispensaires, avec des médecins, dans toute la France ainsi qu'une dizaine de centres de vacances pour des milliers d'employés, car les gens ne pouvaient pas se les offrir, etc. Michelin, lui, construisait à Clermont-Ferrand des logements pour ses employés, car c'était très cher. En 2023, ça a moins de sens car l'accès aux soins est plus facile et on les taxerait en outre de paternalisme. Le fait est que nous sommes loin du capitalisme actionnarial, tel que prôné par Milton Friedman dans les années 1970 comme ultime contribution possible à la prospérité générale de la nation. On s'en est accommodé pendant cinquante ans mais cela ne suffit plus. Les entreprises ne peuvent se légitimer aujourd'hui qu'en tenant compte de et en conciliant les intérêts de tous ceux qu'elles impactent.

Prendre par la main les jeunes, notamment, de quartiers difficiles, comme nous le faisons, afin de leur ouvrir un futur, c'est contribuer au bien public, répondre aux aspirations sociétales tout en restant dans le droit fil de ce qu'a mis en place notre fondateur.

Je pense que ces générations de dirigeants qui nous ont précédés étaient certainement paternalistes, mais ce que je retiens, c'est qu'elles étaient avant tout humanistes, animées d'un profond souci des autres, ce vers quoi nous tendons à nouveau. La difficulté à l'époque étant, ne nous voilons pas la face, que l'on ne pouvait pas changer de classe tant l'obstruction à la mobilité sociale était réelle.

ALEXANDRE DE NAVAILLES – Oui, la différence que je note aujourd'hui, c'est la proximité du patron avec ses équipes. D'ailleurs, Michel, comme moi, aime aller à la rencontre des individus. Ce qui, au demeurant, pour moi n'est fondamentalement pas du management, mais juste le goût de l'Autre avec un grand A. Il existe d'autres façons de prendre soin du bien-être des salariés que l'on pourrait rassembler sous les vocables de « bienveillance » ou d'« empathie » même si leurs principes, à trop avoir été récemment instrumentalisés *ad nauseam*, ont été dévoyés. Pour autant, se mettre à la place d'autrui, percevoir ses attentes, faire montre d'humilité sont une stratégie managériale fructueuse.

Ces entreprises qui sont passées à la semaine de quatre jours, payée cinq, par exemple, s'inscrivent dans cette idée selon moi. À savoir utiliser des leviers innovants pour démontrer l'attention qu'elles portent à leurs salariés. Et force est de constater que les résultats sont probants. De la même façon, permettre aux gens de télétravailler deux jours par semaine, c'est instaurer un meilleur équilibre entre leurs vies professionnelle et privée. Certes, nous disposons d'outils technologiques qui autorisent le télétravail, mais qui aurait pu imaginer une telle évolution il y a dix ans ? Les sociétés de tech aux États-Unis, pour recruter les meilleurs, laissent désormais leurs employés travailler de partout dans le monde, ce qui constitue une autre révolution.

MICHEL MATHIEU – Sur ce sujet de la Silicon Valley, Alexandre, je serai, pour une fois, un peu en décalage avec toi. Je ne suis pas certain que ce soit un exemple éloquent ou dans la même veine humaniste qu'un Michelin ou un Germain cités précédemment. Pour avoir visité Google, Facebook et d'autres en Californie, certes on leur offre mille et une facilités pour adoucir leurs journées de travail, personne ne pointe, les restaurants sont ouverts et gratuits toute la journée, il y a des salles de billards, de baby-foot et autres jeux vidéo accessibles en permanence, mais dès qu'ils montent dans le bus à San Francisco pour rejoindre le siège, ils sont connectés et travaillent. Les projets qu'ils conduisent en « tribu » doivent être aboutis dans des délais étroits et, s'ils ne sont pas respectés, les sentences sont sans pitié. Il n'y a plus aucune frontière entre vie privée et vie professionnelle. Pour parler vulgairement : j'appelle plutôt ça « presser le citron » !

Vous insistez beaucoup, l'un et l'autre, sur cette capacité à engager. Pourquoi ?

ALEXANDRE DE NAVAILLES – Oui, parce que cela va bien au-delà du management. *In fine,* nous tendons tous vers le même objectif : faire croître l'organisation. C'est le général qui embarque ses troupes, c'est le capitaine d'une équipe de football, c'est Zinédine Zidane ou Didier Deschamps qui d'un simple regard changent la courbe d'un match. Les méthodes et les outils varient, mais ce qui reste fondamental, c'est notre propension à fédérer, à susciter une vraie cohésion autour d'un projet. Pour ce faire, il s'agit de comprendre les sources de motivation de chacun et de déployer une stratégie opérationnelle que tous puissent s'approprier. La clé ? La confiance, ce moteur d'implication et de dynamique collectives.

MICHEL MATHIEU – À toutes les époques et dans tous les métiers, si vous ne trouvez pas le moyen d'entraîner les gens à votre suite, c'est problématique. Et pour y parvenir, l'humain prime. Dans une entreprise, il y a toujours un tiers qui doute, un tiers de râleurs et un tiers de ventres mous. Ce sont les premiers et les derniers qu'il faut arriver à mobiliser.

ALEXANDRE DE NAVAILLES – Cela nécessite la vérité, l'exemplarité et le partage.

MICHEL MATHIEU – Je dis presque quotidiennement à mes cadres que leur rôle est d'expliquer le contexte sans relâche et de rappeler les enjeux car personne ne prend réellement le temps de lire les tableaux Excel ou les comptes rendus de réunions. Selon moi, il faut, si ce n'est les bannir, à tout le moins, les réduire drastiquement au profit de discours sur le sens.

ALEXANDRE DE NAVAILLES – La clé, c'est l'engagement physique aussi, assorti d'une grande conviction. Nous déployons chaque jour une énergie et une concentration folles, pour tenir le rythme. Et c'est un point à ne pas sous-estimer. Aligner et entraîner tous les jours. C'est pour ça que je dis que 60 % de mon temps, ce sont des ressources humaines.

Est-ce à dire que la composante physique est un aspect non négociable de la vie d'un dirigeant ?

ALEXANDRE DE NAVAILLES – Sans parler de pénibilité, évidemment, au sens où des caristes, personnels soignants ou ouvriers l'entendent et c'est une réalité, diriger nécessite tout de même une véritable endurance physique. Nous avons des journées à rallonge, plusieurs déplacements par semaine, des enchaînements de réunions, déjeuners, dîners, les week-ends où nous restons malgré tout en alerte, tout cela implique de faire attention à notre santé. D'ailleurs, chez Hertz, je demandais à l'ensemble de mon comité de direction de faire des bilans de santé régulièrement car tout le monde était sous pression. Je souhaite la même chose pour mes collaborateurs directs chez KEDGE aujourd'hui. Et je considère que physiquement, j'ai, moi, la responsabilité de veiller à ce qu'ils ne s'épuisent pas et que leur condition reste optimale, pour leur bien.

L'extrafinancier dans l'entreprise constitue un véritable ciment

Les paradigmes extrafinanciers, ces « petits suppléments d'âme », sont pour vous deux un élément déterminant de la vie de l'entreprise. Quels sont-ils exactement ?

ALEXANDRE DE NAVAILLES – Pour moi, c'est une question d'équilibre, ce *balanced scorecard* (tableau de bord prospectif en français). Développé par deux économistes américains, Robert Kaplan et David Norton, il s'agit d'un outil permettant de mesurer l'activité d'une entreprise et de vérifier que ses objectifs à long terme sont tenus. Plutôt que de se focaliser uniquement sur des enjeux financiers, ce concept tient compte de la perspective du client, de l'analyse de l'efficacité des processus internes comme de sa politique en matière de ressources humaines, c'est-à-dire l'aptitude d'une entreprise à faire évoluer, à engager et à entraîner ses collaborateurs. À cela s'ajoute aujourd'hui le rôle sociétal et environnemental de l'organisation. Ce que nous mettons spécifiquement en avant à KEDGE, ce sont la satisfaction des étudiants, l'engagement des collaborateurs et des professeurs, l'inclusivité et la durabilité. Il n'y a pas un seul de ces indicateurs qui soit moins important que la profitabilité, laquelle, de surcroît, n'est pas une fin en soi, étant donné notre statut associatif non lucratif. La performance financière nous permet d'investir pour permettre le développement de l'école.

MICHEL MATHIEU – Oui, parce que tout nous pousse à ne pas nous contenter d'un seul et unique étalon de mesure : à savoir la performance financière. Désormais, nous sommes évalués aussi à l'aune d'accomplissements protéiformes – commerciaux, environnementaux, sociaux, financiers, etc. – et ils sont tout aussi importants, tant pour nos salariés que pour nos clients. Chacune de ces composantes est essentielle dans notre société aujourd'hui.

Diversité et inclusion, autrefois, si ce n'est tabou, étaient des thématiques ignorées, et sont devenues totémiques. Croyez-vous sincèrement à l'inclusivité ou est-ce un effet de mode ?

ALEXANDRE DE NAVAILLES – Loin des clichés réduisant la diversité à une simple « prime » de performance, pour se donner bonne conscience, ces thématiques correspondent à un vrai choix sociétal et politique, lesquelles, comme tout investissement, ont un coût, certes. Mais à la clé, c'est la promesse d'une entreprise plus juste et plus éthique. J'y crois profondément. J'ai une charge qui est de former des jeunes, de leur donner les bonnes armes. Même s'il y a le mot « business » dans la dénomination de l'école, mon rôle, avec les compétences qui sont les nôtres, l'excellence de notre parcours, est d'accueillir absolument tous ceux qui souhaitent en bénéficier – le bourgeois parisien du 16e ou le jeune des quartiers nord de Marseille – comme de respecter un équilibre entre les hommes et les femmes. Notre objectif, c'est de tout mettre en œuvre, par exemple, pour qu'une jeune fille en sortant de l'école ait le courage de demander le même salaire qu'un garçon. Cela peut sembler anecdotique, mais la réalité, c'est qu'à connaissances et bagages équivalents, les employeurs leur proposent encore un salaire 15 % inférieur par rapport aux garçons, or elles représentent 50 % des effectifs dans les écoles de management. Les stéréotypes ont encore la vie dure – les garçons ont plus tendance à s'orienter vers les métiers de la finance et les filles vers le marketing – et notre mission est de les accompagner. Mais le monde des affaires doit aussi se former à ces contingences.

MICHEL MATHIEU – Il est vrai que parmi les métiers les plus rémunérateurs figurent ceux liés à la data, or on n'y recense que 5 % de filles… Cela étant dit, au risque de choquer, j'ai longtemps été contre le principe des quotas que je trouvais injustes dans l'autre sens. Ce dont je suis absolument certain, c'est que, peu importe la couleur de peau, l'orientation sexuelle, l'origine sociale, tout ce que vous voulez : la seule chose que je recherche, c'est l'excellence, des personnes qui aiment l'entreprise et soient capables de créer de la valeur. Le rôle d'un patron est de chercher un certain équilibre, et, encore une fois, de s'entourer des meilleurs, pour une seule finalité en réalité : les clients.

Une équipe performante est celle qui a la plus grande mixité possible mais cela ne doit pas répondre à un besoin démagogique ou satisfaire qui que ce soit. Les pourcentages ne sont que des chiffres et sont loin d'être une fin en soi. Quand j'ai institué mon premier comité de direction à 34 ans, je n'ai choisi que des collaborateurs plus âgés, une femme exceptionnelle et des profils parfaitement différents – juristes, économistes, sans diplômes, etc. – car j'avais déjà l'uniformité en aversion.

En revanche, je rejoins Alexandre dans ce constat : les femmes sont moins enclines à candidater. Et nous avons tendance, trop facilement, à les cantonner dans des fonctions régaliennes plutôt qu'opérationnelles, c'est-à-dire à la communication ou aux ressources humaines plutôt qu'à la finance. C'est pourquoi j'ai spécifiquement chargé la direction des ressources humaines de toujours me proposer autant de candidatures féminines que masculines pour n'importe quel poste à pourvoir dans l'entreprise. Mieux, nous faisons des revues de candidates possibles sur d'éventuels postes sensibles à pourvoir.

ALEXANDRE DE NAVAILLES – L'ouverture pour moi, c'est d'abord et avant tout donner leur chance à tous, avec les bons outils pour que tout le monde soit à armes égales. Les quotas ne doivent être qu'un starter, pour lancer une spirale vertueuse. Au bout d'un certain temps, il faut arrêter ces leviers pour qu'ils deviennent naturels. Cette idée d'accueil de tous n'empêche pas et ne doit pas empêcher la sélection par excellence. Sur les concours par exemple, je refuse d'avoir des barres d'admissibilité pour les boursiers ou les non-boursiers parce que, notamment, ça les stigmatise durant le reste de leurs études. Une question de réelles égalités des chances.

Est-ce à dire que vous trouvez le parcours des élites trop conformiste ?

MICHEL MATHIEU – Certainement et je constate qu'une petite élite dirige la France (plutôt mal d'ailleurs), un cercle étroit, issu du même moule et souvent du même milieu qui se coopte, et c'est navrant. Je milite fermement en faveur de la diversité et pour que l'on juge les gens sur les résultats, non sur les diplômes. Qui plus est face au défi contemporain auquel nous faisons face : les transformations de la façon de travailler et du rapport au travail sont un réel enjeu sociétal. Abolissons les carcans de recrutement obsolètes, selon moi, liés à des questions de chapelles, de milieu, d'origines sociales ou d'âge… pour faire appel à des candidats jusqu'alors sous-valorisés, éloignés de l'emploi ou trop seniors, qu'importe.

Pour moi, il y a trois types de dirigeants : les entrepreneurs, ceux qui ont une idée et la développent, les gestionnaires à qui l'on confie une entreprise pour la faire grandir et les administrateurs qui se contentent de la faire tourner.

Je ne tire aucune gloriole de mon parcours, relativement facile, car j'ai été porté par une entreprise établie. En revanche, je suis très admiratif des entrepreneurs capables de partir de zéro : eux créent de la valeur.

ALEXANDRE DE NAVAILLES – Il existe des catégories sociales, avec leurs codes qui se répètent immuablement, c'est indéniable. Pour autant, je crois que l'Hexagone offre réellement la possibilité de briser cette fatalité putative. L'éducation gratuite est une voie, à condition que l'excellence, peu importe le milieu d'où l'on vient et le revenu des parents, soit LE critère de sélection. Je suis très hésitant à propos de la double barre d'admissibilité mise en place dans certaines grandes écoles de management pour les boursiers et ceux qui ne le sont pas. Elles partent du principe qu'un élève boursier a eu sans doute moins de chance lors du lycée et n'aura pas eu l'opportunité de faire une classe préparatoire de renom. Dans ce cas précis, je ne crois pas à ces quotas déguisés.

Plus tard dans un parcours de vie, la création d'entreprise accessible à tous est également une façon de faire mentir ce qui aurait pu être écrit à l'avance…

L'assignation à vie dans une classe sociale n'est pas une fatalité

L'égalité des chances et l'idéal démocratique font consensus comme objectifs de politique publique. Mais l'état de l'ascenseur social en France fait débat et deux discours coexistent. Quelle est votre analyse et comment, justement, déjouer ce déterminisme culturel et social ?

MICHEL MATHIEU – Je ne crois pas à ce que j'appellerai l'« assignation à résidence à vie ». Je suis (en toute modestie) ce que l'on appelle un « transfuge de classe » et je le vis bien. Fils de petit paysan installé en Corse – ce qui ne me confère ni droits ni devoirs particuliers mais qui relève simplement du constat –, je n'imaginais pas diriger un jour les entreprises que j'ai eu le plaisir de conduire et je crois que personne dans mon entourage ne m'en croyait capable. La volonté et la force de caractère sont de puissants moteurs. L'idée que tout était possible ne m'a jamais quitté. Je me suis construit dans l'opposition puisque l'on n'a pas cessé, tout au long de ma scolarité, de me dire que je n'y arriverais pas. Cela a forgé ma détermination et je remercie les curés qui m'ont élevé. Plus tard, lors de mes études supérieures, sans ressources particulières, j'ai fait d'énormes sacrifices pour progresser ; je n'ai connu mon premier restaurant qu'à plus de 25 ans : je n'étais pas malheureux. Je regrette que l'on critique autant le système scolaire, car, dans mon cas, l'État français m'a énormément apporté et je lui en suis reconnaissant. Certains avancent que la méritocratie est une fiction politique, je suis la preuve du contraire.

ALEXANDRE DE NAVAILLES – Déterminisme, ascenseur social bloqué, notion de déclassement, plusieurs sujets se superposent. D'une part, les inégalités se creusent – c'est une réalité – et fragmentent la France, avec ce sentiment un peu inavouable, pour certains, de dégringoler socialement. Le pouvoir d'achat est la manière la plus basique de vérifier sa place dans la société, or il est malmené, induisant le risque d'une traduction politique désastreuse. Et de ce fait, une autre question affleure, laquelle est : peut-on accéder à un niveau de vie supérieur ? J'ai tendance à penser que les passerelles existent toujours. Un lycéen aujourd'hui, dans un établissement ordinaire, pas élitiste, qui comprend qu'il existe une voie de classes préparatoires par exemple, capable de le mener vers de grandes écoles, peut parfaitement y arriver. Ce n'est pas une question de moyens financiers car la France dispose d'outils formidables pour prendre cet aspect en charge. Je rappelle d'ailleurs que dans les écoles de management aujourd'hui il y a 25 % de boursiers. Il est aussi possible d'y accéder par la voie de l'apprentissage. Tout cela n'existait pas auparavant. Je pense que le réel problème, c'est l'information, d'une part, et, pire, le plafond de verre, d'autre part. C'est-à-dire qu'un jeune a beau savoir que ces mécanismes existent mais va malheureusement se dire : « Ce n'est pas pour moi. » C'est triste à dire mais je pense que l'ascenseur social n'est pas bloqué, il n'est tout simplement pas pris. On revient sur cette idée que la société française est encore organisée par classes et il est difficile de passer de l'une à l'autre. Sans doute malheureusement plus qu'avant parce que économiquement les écarts se sont creusés.

MICHEL MATHIEU – Je déplore surtout que presque un tiers des élèves qui sortent du système scolaire ne sache pas écrire le français correctement. Je pense qu'il ne faut pas confondre égalité des chances et nivellement par le bas. Cela reviendrait à rêver de tournois sans vaincus ou d'examens sans recalés…

Actifs des villes, actifs des champs… les dissemblances de destins demeurent plus que jamais. La méritocratie est perçue comme un programme moral qui ne tient plus ses promesses. Embaucheriez-vous des personnes non diplômées ?

MICHEL MATHIEU – Depuis longtemps, oui, nous embauchons des centaines d'alternants non diplômés. Puis, récemment, nous avons donné pour consigne dans nos agences de recruter, précisément, des personnes sans bagages académiques. Avec deux règles : la première, c'est qu'il n'y ait pas de liens de parenté ; la seconde, à charge pour les directeurs de les former puis de les faire évoluer localement. Je préfère quelqu'un avec un simple bac, qui aime ses clients et cherche à leur apporter les meilleures solutions et que nous allons former, à un bac + 5, froid ou distant. Le diplôme n'est pas une garantie et le métier, ça s'apprend.

ALEXANDRE DE NAVAILLES – À ce titre, le recrutement sans CV me semble très intéressant. D'autant que je souscris profondément à l'idée que l'on peut se former à travers ses études, certes, mais aussi grâce à l'expérience professionnelle. Il sera toujours temps, ensuite, de progresser *via* des formations certifiantes ou non.

La formation doit jouer un rôle dans l'accompagnement et la reconversion

La durée de vie au travail s'allonge inéluctablement, les entreprises doivent adapter leurs logiques de recrutement et de management à des profils plus seniors, de 55 ans et plus, souvent délaissés ou dévalorisés. Comment bousculer la culture d'entreprise pour s'y adapter ?

ALEXANDRE DE NAVAILLES – Comme cela a été fait pour la parité hommes-femmes, peut-être faudra-t-il des quotas pour donner sa chance à chacun de postuler où il veut. Mais je pose quand même la question : a-t-on la même ambition à 30 ou 50 ans ? Il n'y a pas d'« évangile », chaque cas est particulier, certes. Néanmoins, il y a tout de même une réalité, même si elle est difficile à entendre, c'est qu'un dirigeant ne va pas retrouver la même envie, la même énergie, la même ambition chez un candidat âgé de 55 ans que chez un ou une trentenaire.

Par ailleurs, tout le monde n'est pas cadre supérieur et n'aspire pas à le devenir. Émerge donc le sujet de l'accompagnement et de la reconversion. La formation continue a un rôle à jouer dans ce domaine. Dix pour cent de notre activité chez KEDGE est dédiée à la formation continue, précisément pour des salariés qui décident d'opérer un virage dans leur carrière.

MICHEL MATHIEU – Je ne suis pas tout à fait d'accord. En ce moment, et nous l'avons évoqué en parlant du sens et de la jeunesse, je ne trouve pas cette génération toujours extrêmement motivée. Sans généraliser, elle est parfois plus encline à faire valoir ses droits et ses demandes qu'à mettre en avant une expérience ou une folle ambition. C'est une question d'envie et d'énergie individuelles : certains à 60 ans et au-delà ont les mêmes que quelqu'un de 30 ou 40 ans de moins. Il y a des collaborateurs qui, alors qu'ils n'ont que 50 ans, me parlent déjà de leur retraite ! J'ai recruté récemment dans mon comité exécutif un directeur de la communication de 58 ans parce que j'ai décelé chez lui un vrai désir et des ambitions. Si j'avais choisi quelqu'un de plus jeune, il m'aurait certainement coûté moitié moins cher. Et pourtant. Donc, il s'agit d'une question de caractère ou de force d'âme, appelons ça comme vous voulez. En tout cas, je n'en ferai pas une règle.

Si l'on fait abstraction de la pénibilité de certains métiers, pour rejoindre les propos d'Alexandre, susnommés, comme les conducteurs de travaux, les personnes en horaires décalés, les agriculteurs, etc., les chefs d'État de plus de 70 ans sont légion, et dans le monde de la création artistique, qu'il s'agisse d'écrivains, de chercheurs ou de plasticiens, on reste productif jusqu'à sa mort ou presque. J'enfonce une porte ouverte, mais une personne dans la soixantaine aujourd'hui est bien plus en forme que ne l'étaient nos grands-parents au même âge.

Alors, ne serait-ce pas plutôt la psyché collective qu'il faudrait modifier ?

N'est-ce pas une richesse pour une entreprise qui compte des clients de tous les âges d'avoir trois ou quatre générations qui coexistent en son sein ?

ALEXANDRE DE NAVAILLES – Je pense que oui, parce qu'il y a des missions qui seront mieux assumées par des personnalités avec de l'expérience et une certaine maturité. Pour négocier avec, admettons, deux chefs d'entreprise chinois, il vaut mieux un collaborateur qui a des « cheveux blancs » plutôt qu'un cadre dans la trentaine, c'est évident. Ce n'est donc pas une question d'âge. Chaque projet a des besoins différents. Pour autant, on ne peut pas regarder deux CV de candidats qui ont trente ans d'écart de la même façon, car structurellement ils n'ont pas la même expérience. Enfin, ne l'oublions pas, le véritable frein est financier : un « senior » coûte plus cher.

MICHEL MATHIEU – Cela coule de source, qui plus est dans les entreprises dont les clients ont de 18 à 90 ans. Pour renégocier un contrat très emblématique et important pour nous, j'ai envoyé un cadre d'une trentaine d'années et trois autres de 60 ans. Parce que les montants en jeu sont importants et qu'il faut de la bouteille. L'équipe était équilibrée, à mon sens. J'ajoute que, si dans les start-up il y avait plus de diversité générationnelle, il y aurait probablement moins d'échecs…

Plus largement, j'étais favorable à la mise en place d'un « index senior » qui me semble être une nécessité juste : contraindre les entreprises à payer un collaborateur jusqu'à ses 64 ans même si l'on s'en sépare à 58 réglerait *de facto* une partie du problème.

ALEXANDRE DE NAVAILLES – Nos élèves sont plus sensibilisés à la parité hommes-femmes et peut-être leur faudrait-il s'ouvrir un peu plus à cette idée de diversité générationnelle. Ce sont des programmes auxquels nous pourrions réfléchir.

Utiliser les quotas comme un starter

Contrairement aux pays anglo-saxons, la Constitution, qui prévoit l'égalité des citoyens devant la loi sans distinction d'origine et de race, n'autorise pas les statistiques ethnoraciales. Néanmoins, il est aisé d'observer que les administrateurs de couleur ou d'origine étrangère, quoique parfaitement français, sont les grands absents des comités exécutifs du CAC 40 ou du SBF 120. Pensez-vous que cela soit une entrave à un management plus riche ?

ALEXANDRE DE NAVAILLES – C'est une certitude, autant que c'est regrettable. Pour autant, je maintiens que si l'on ne s'autolimite pas, la France offre beaucoup de possibilités pour s'élever socialement. En revanche, le creusement des inégalités que nous observons depuis quelques années a eu pour effet de renforcer un entre-soi, particulièrement parmi la population aisée. Donc lorsque l'on est un dirigeant et que l'on cherche à recruter à des postes de direction, il est vrai que l'on va d'abord chercher autour de soi avant de s'ouvrir au reste.

De quelle façon y remédier ?

ALEXANDRE DE NAVAILLES – Michel est en désaccord avec moi sur ce sujet, mais je suis convaincu du bienfait des quotas comme le starter d'une voiture. Il faut bien démarrer quelque part et si l'on ne force pas les choses au début, il ne se passera rien. À cet égard, si on n'avait pas gravé dans le marbre la parité hommes-femmes dans les conseils d'administration, rien n'aurait changé. Maintenant que cette pratique est bien installée, il faudrait probablement que cela ne soit plus une obligation mais que cela soit normal, tout simplement. Tout comme je pense que l'on devrait forcer ces contingents à d'autres catégories socioculturelles, voire obliger les comités exécutifs à s'ouvrir à des membres internationaux, car nous sommes trop franco-français. Je milite donc plutôt en faveur d'une dose d'injustice à durée limitée jusqu'à son acceptation dans les us et coutumes.

MICHEL MATHIEU – Il n'y a que quelques femmes dirigeantes dans notre groupe donc nous avons instauré une priorité envers elles. Mais il est vrai que cela engendre une certaine insécurité chez les hommes. Certains d'entre eux, qui sont inscrits dans des parcours pour devenir directeurs généraux, me disent qu'ils pensent avoir perdu d'avance, et trouvent cela injuste.

ALEXANDRE DE NAVAILLES – C'est pour cela que je pense qu'il faut accepter de rencontrer ce type de situations inconfortables, sur une durée limitée, pour faire évoluer la situation. D'ailleurs, cette injustice circonscrite dans le temps reste moins forte que les préjudices subis par certaines minorités.

MICHEL MATHIEU – Je comprends, mais est-ce à dire que je dois sacrifier une génération pour parvenir à cet équilibre ? J'ajoute que j'ai rarement vu des femmes vraiment puissantes ne pas arriver au poste où elles souhaitaient exercer leur métier. Pour autant, ne vous méprenez pas : dans mon entreprise, j'exige que pour chaque poste qui s'ouvre il y ait autant de candidats des deux sexes.

Le rôle d'un dirigeant n'est pas de faire de la politique, mais de s'assurer d'avoir les meilleurs à tous les postes de l'entreprise.

Le jeu concurrentiel est tel que seuls les meilleurs durent. Nous ne vivons pas dans un monde de béni-oui-oui, où on peut se contenter d'avoir l'air d'être un bon élève dans des classements internationaux plus ou moins sérieux.

Si je dois avoir 100 % de femmes dans mon comex, je n'aurai aucune hésitation !

Question plus personnelle : pour parvenir aux postes à responsabilités qui sont les vôtres, avez-vous sacrifié une part de votre vie de famille ?

ALEXANDRE DE NAVAILLES – J'ai la chance d'avoir une femme qui sait que j'adore mon boulot. Et même si elle me préférerait plus souvent à la maison, elle s'en accommode. Quant à mes enfants, je ne sais pas s'ils me voient comme un modèle, sans doute pas puisqu'ils me voient travailler probablement trop, cependant je souhaite aussi leur montrer que tout n'arrive pas par hasard dans la vie. Et que le travail et la passion comptent…

MICHEL MATHIEU – Il est certain que sans notre *better half*, comme disent les Anglo-Saxons, la mienne en particulier, ma carrière eût été différente. J'espère, comme Alexandre, que mon épouse m'eût préféré plus souvent à la maison… encore que !

Michel Mathieu : *« Diriger, c'est révéler le potentiel de chacun »*

Notre monde est plus que jamais mouvant. En quoi les crises influent-elles sur le leadership et le vôtre particulièrement ?

MICHEL MATHIEU – Il y a quelques années dans la banque, même si je force le trait bien sûr, nous avions une visibilité économique et financière qui nous permettait presque de réaliser le budget de l'année en janvier. Aujourd'hui, l'incertitude est telle qu'il faut être prêt à changer de pied du jour au lendemain. Récemment, par exemple, nous avions établi un budget, mais l'inflation ayant frappé nous avions dû le réévaluer plusieurs fois. En substance, le contexte ambiant demande aux chefs d'entreprise encore plus d'agilité. Ce que j'appelle aussi la « plasticité ». Autrement dit, être ajustable ou réactif en cas d'avis de tempête, surtout quand il est impossible de l'anticiper.

La situation actuelle est exceptionnelle à tous points de vue : personne n'avait imaginé ni le covid, ni une telle hausse des prix, ni la guerre en Ukraine, ni l'instabilité qui en découle. Tout le monde, qu'il s'agisse des entreprises, des organisations, des agences internationales ou des États, est aujourd'hui ébranlé.

Au-delà des aspects strictement économiques, je constate que cette imprévisibilité a engendré une inquiétude, compréhensible, et aussi une forme de polarisation de la société, assortie d'une forte hostilité. Cela peut paraître insignifiant mais je ne compte plus les agressions à nos guichets par exemple... Ce clivage et cette violence sont préoccupants. Alors que, sur fond de turbulences, nous devrions nous serrer les coudes, la classe politique a décrédibilisé l'action en faveur de la chose publique et nous assistons à la création de deux castes : celle qui regarde la télévision bas de gamme et celle qui dirige. Si nous, patrons, gérions nos entreprises de la sorte, nous serions écartés de nos fonctions dans la semaine !

Cette société fracturée vous oblige à changer votre façon de diriger. D'après vous quel rôle les dirigeants doivent assumer en ces temps incertains ?

MICHEL MATHIEU – En dehors d'une plus grande réactivité, cela nous force à anticiper les signaux faibles de la société justement. À commencer par combattre cette défiance qui s'est infiltrée partout comme un poison.

Pourquoi les Français ont-ils mis une telle distance vis-à-vis de la classe politique ? Outre l'infantilisation qui découle de tous ces interdits – port de la ceinture, chasse, limitation de vitesse et je ne parle pas du triste spectacle donné dans les plus hautes instances de notre démocratie (Assemblée nationale en tête), etc. –, c'est un peu le « Faites ce que je dis, pas ce que je fais ». Nous avons des élus qui, en pleine crise énergétique, ont prôné le fait de baisser le chauffage à grand renfort de cols roulés mais qui ont allumé les Champs-Élysées dès le mois de novembre. Ou encore lorsque l'on moralise sur la préservation des ressources en eau en continuant d'inonder tous les matins les rues de Paris. À votre avis, quel type de réaction cela peut-il engendrer ? Évidemment, une grande réserve chez nos concitoyens. C'est pourquoi il revient aux dirigeants plus que jamais de mettre du liant dans l'entreprise, de ne jamais cesser d'échanger avec les salariés. J'aime passer du temps sur le terrain, aller à la rencontre des collaborateurs, peu importe leur place dans la hiérarchie. Cela m'a toujours permis d'en revenir avec des notes et autres réflexions sur ce qui fonctionne ou pas. Il me paraît indispensable de ne pas rester cantonné au siège, notamment pour jauger ce qui est perfectible, mais aussi pour créer cette connexion humaine, si importante.

Quant au rôle que les patrons doivent endosser en ces temps troublés, il est évident. Nous sommes des « garde-fous » pour pallier les manquements des pouvoirs publics en termes d'emploi, d'insertion, d'inclusivité... Chez LCL, par exemple, nous travaillons depuis plus de vingt ans avec l'association Apels (Agence pour l'éducation par le sport) qui promeut un programme d'insertion professionnelle des jeunes à travers le sport. Sur cent candidats, issus de quartiers défavorisés, nous en embauchons une bonne partie : ce n'est pas rien. Toutes les entreprises sont, peu ou prou, engagées dans ce type d'action dans divers domaines. Elles se saisissent de leur liberté d'action, de leurs moyens humains et matériels pour contribuer de toutes les manières, avec leurs codes et leurs priorités, à la solidarité dans la cité et au développement de leur rôle d'assimilateurs ou de propulseurs d'idées. Si, collectivement, elles arrêtaient, ce serait dramatique.

Est-ce à dire que les entreprises doivent se substituer à l'État ?

MICHEL MATHIEU – Certainement pas ! Je ne me sens aucun engagement de nature politique, en revanche je me sens engagé vis-à-vis de la société. J'ai une responsabilité sociale, oui, en veillant à rester toujours ancré dans la société, conscient des enjeux qui s'y jouent. Et ce n'est pas du marketing puisque nous communiquons peu ou pas dessus : il est simplement absolument déterminant d'être amarré aux aspirations des Français. J'évoquais nos engagements associatifs – ils sont nombreux – à l'instar du partenariat que nous avons noué avec Les Résilientes, le studio de design d'Emmaüs, qui redécore magnifiquement certaines de nos agences en favorisant le travail de personnes laissées au bord de l'emploi. Mais notre mission sociale va plus loin. Nous en sommes à la cinquième édition de *Ville Makers*, une série de livres, réunissant des dizaines d'intervenants de tous horizons, pour réfléchir à la mise en œuvre de solutions innovantes pour que la cité du XXIe siècle soit durable et inclusive.

En outre, nous accompagnons nombre de nos collaborateurs impliqués dans diverses causes, comme nous nous sommes engagés, chaque année, à prendre deux cent cinquante stagiaires de troisième, la liste est longue… Cela peut sembler marginal mais nous assumons notre part. C'est cela aussi lutter contre les dissensions.

Classe politique et dirigeants poursuivent des objectifs différents

Pourtant, l'entreprise responsable telle que vous la décrivez l'inscrit de fait dans le registre politique ?

MICHEL MATHIEU – Elle ne l'est pas et ce n'est pas sa vocation, en aucune façon. S'il m'arrive, comme tout un chacun, d'avoir des opinions et de les exprimer, c'est en tant que citoyen uniquement. J'ai une opinion personnelle : elle n'engage que moi.

Il m'est arrivé d'être sollicité par la classe politique mais ce n'est pas mon rôle. Nous ne poursuivons pas les mêmes objectifs. Diriger une entreprise requiert des décisions rapides, parfois tranchées, et c'est un art difficile. Lequel suppose d'abord de recueillir les informations pertinentes et contradictoires, de s'appuyer sur des collaborateurs compétents et courageux ; courageux pour contester ou s'opposer à d'autres, voire au dirigeant lui-même.

« Il n'y a pas d'homme plus malheureux que celui chez qui l'indécision est une habitude », disait le psychologue et philosophe américain William James. Car décider est pour un dirigeant un moment « jouissif » ! Dans ces instants, on a l'impression de bâtir, de construire des solutions, de faire avancer son projet et son entreprise, à un rythme soutenu. Or, cela s'accommoderait bien mal au processus démocratique. Le monde des affaires a besoin de confiance et de stabilité.

Si l'on considère ne serait-ce que la fiscalité par exemple, qui change régulièrement, c'est une source d'impermanence certaine. Des instances, comme le Medef, s'emparent de ces sujets pour les porter au plus haut de l'État, agissant de la sorte comme des courroies de transmission, et c'est très bien ainsi.

De plus, je crois qu'il faut des contre-pouvoirs et les entreprises le sont, à leur façon. Lorsque l'on n'a plus d'interlocuteurs en face de soi, c'est la voie ouverte à la tyrannie. Chez LCL, les syndicats sont dans cette posture. Ils nous questionnent, soulèvent des sujets auxquels nous n'avions pas pensé, nous font des remontées du terrain, et c'est utile.

Vous avancez que les syndicats constituent une dynamique avec laquelle il faut particulièrement compter dans la banque. Comment, tout au long de ces années, avez-vous appréhendé ces relations et ont-elles versé dans un âpre rapport de force ?

MICHEL MATHIEU – Pour remettre cette question perspective, je dois rappeler qu'Arlette Laguiller (NDLR, femme politique d'extrême gauche, se réclamant du trotskisme, candidate à plusieurs reprises à l'élection présidentielle) a été une interlocutrice historique régulière au sein de la banque. Globalement, avec les représentants du corps syndical, nos échanges ont été musclés, nos désaccords récurrents, pour autant je crois sincèrement à leur grande utilité. J'ai rencontré tout au long de ma carrière des syndicalistes remarquables avec qui l'on pouvait dialoguer et construire.

Mais pour être parfaitement honnête, je fais aussi un constat navrant : depuis quarante ans je n'ai pas vu de grandes évolutions dans les relations sociales, malgré les lois, les changements d'hommes, la taille de l'entreprise, le contexte social, économique ou sanitaire. Le patron « patronne » et le syndicaliste « revendique ». Comme si nous n'arrivions pas à sortir de cette dialectique.

Là où le syndicalisme allemand ou dans certains pays nordiques a réussi, sans angélisme, à créer un vrai dialogue, nous en sommes encore en France aux procès d'intention ou d'oppositions systématiques au « patron » dont, évidemment, le seul objectif n'est que de faire toujours plus de profits !

Or, à camper de la sorte sur ses positions, tout le monde y perd. Comme s'il était plus facile de bâtir des murs plutôt que des ponts, comme s'il était gravé dans le marbre que l'intérêt personnel ou catégoriel se devait de l'emporter sur l'intérêt général. Je suis certes un peu caricatural, mais je me navre de ce manque de dialogue constructif, tourné vers la création de valeur, profitable à tous. Tout cela est à mon sens teinté d'archaïsme, alors que le monde change. Irruption du digital oblige, chacun sait que les clients se rendent moins dans les agences. Il est donc logique que la question du dimensionnement du réseau d'agence se pose. La digitalisation est inéluctable, et demain l'intelligence artificielle bouleversera notre relation au travail, c'est pourquoi je pense qu'il est plus judicieux de réfléchir ensemble à la reconversion des collaborateurs concernés et aux métiers de demain. Or pour l'heure, cela paraît impossible, accusé souvent que je suis de vouloir détruire des emplois.

Résultat : beaucoup se détournent de leur droit à peser dans le débat, notamment les jeunes, pensant que la démocratie n'est plus nécessairement la meilleure forme de gouvernement puisqu'ils la pensent incapable d'améliorer leurs vies. Ce désintérêt affecte aussi la sphère politique et c'est préoccupant.

Faire société est crucial

Vous parlez de contre-pouvoirs : y a-t-il d'autres façons de traduire l'utilité sociale d'une entreprise ?

MICHEL MATHIEU – Depuis quelques mois, nous avons mis en place un conseil sociétal. Une assemblée de personnalités diverses, tant par l'âge que par la fonction ou le domaine de compétences, et nous nous réunissons régulièrement. Chacune d'entre elles est amenée à s'exprimer autour de thèmes que nous avons définis au préalable et qui jouent comme des indicateurs pour comprendre les attentes de la société. *Faut-il toujours devenir propriétaire ? Croyez-vous à l'avenir des cryptomonnaies ? Comment attirer une nouvelle génération de talents ?* Le spectre des questions est large et les échanges extrêmement riches. Cela nous permet de rester en alerte sur ce qui compte pour les Français, d'aborder des problèmes et d'y remédier, toutes générations confondues. C'est cela faire société. C'est très concret, et je peux vous dire que personne ne rate une réunion !

Pouvez-vous nous donner un exemple ?

MICHEL MATHIEU – Les jeunes qui appartiennent à ce cercle nous ont signalé que pour ceux qui voyageaient à l'étranger, *via* Erasmus ou autre, les frais bancaires étaient un véritable frein. À hauteur d'un budget étudiant, on peut aisément comprendre que cela soit une préoccupation. Grâce à cette remontée d'information, nous avons élaboré le pack *city explorer*, une offre dédiée à moindre coût. Ces discussions nous enrichissent et nous stimulent. De même, quand un entrepreneur nous remet en cause sur le financement des start-up, nous sommes obligés d'évoluer. L'idée qui sous-tend, c'est d'être cohérents avec nos valeurs. Chez LCL, nous avons recentré notre stratégie depuis quelques années autour de l'idée d'être une banque urbaine, de servir les entreprises de taille intermédiaire et de faciliter la vie des entrepreneurs avec un slogan qui définit notre mission clairement : « Ma vie, ma ville, ma banque. » C'est ainsi que l'on bâtit la force d'une marque, quelle qu'elle soit.

ÉCLAIRAGE

De l'intérêt de recruter de jeunes sportifs, même sans diplômes

L'une doit son poste en agence grâce à ses talents en… basket, l'autre a signé un CDI pour devenir conseiller en patrimoine *via* sa pratique de haut niveau de la boxe et avec les JO 2024 en ligne de mire. Depuis 2015, LCL est engagée aux côtés de l'Apels pour repérer des talents prometteurs dans des quartiers prioritaires, sans bagages académiques ou presque. Pour son fondateur, Jean-Philippe Acensi, non seulement ce n'est pas un frein mais même plutôt le contraire. Les valeurs portées par le sport telles que la persévérance, le goût de l'effort, l'esprit d'équipe et de compétition ont non seulement leur place dans l'entreprise, mais celle-ci ne peut que s'enrichir de profils atypiques.

Quête d'authenticité, aspects humains, enjeux divers... faut-il plus tenir compte de l'avis des salariés ?

MICHEL MATHIEU – Cela va bien au-delà d'en tenir compte. On ne peut pas construire l'entreprise à dix dans une salle de réunion. Lors de mon arrivée, le comité exécutif avait validé une campagne de publicité avec une personnalité et un slogan spécifiques. En discutant dans les couloirs, je me suis aperçu que cela ne satisfaisait personne, nous avons donc changé notre fusil d'épaule. De la même façon, nous avons décidé de consulter nos 17 000 salariés pour le plan futur de la banque. Du patron d'agence au cadre, en passant par les guichetiers, ils sont plus de 11 000 à avoir répondu et soumis leurs idées. Nous leur avons demandé quelles étaient leurs valeurs, ce qu'ils envisageaient pour l'avenir, la définition de nos axes stratégiques : c'est tout à fait substantiel. Forts des résultats obtenus, nous avons sillonné la France pour présenter ce plan d'action quasi

« collectif » dans des *road shows* physiques à 6 000 collaborateurs. Et nous réitérons l'exercice désormais chaque année. C'est un levier de performance pour l'entreprise.

On ne peut pas piloter une entreprise à dix dans une salle de réunion, dites-vous. Mais peut-on assurer sa croissance avec autant de personnel en télétravail, sachant que cela constitue dorénavant un point non négociable pour les salariés ?

MICHEL MATHIEU – Pour moi il s'agit d'une notion d'un autre temps : ce qui compte, c'est le résultat. Si quelqu'un est chez lui mais qu'il est productif, cela importe-t-il ? J'ai toujours tout mis en œuvre pour m'entourer des meilleurs, ainsi je suis perpétuellement tiré vers le haut et j'ai fait mienne la devise du Football Club de Nantes : « Celui qui renonce à devenir meilleur cesse déjà d'être bon. » Avec le comité de direction, nous continuons de livrer nos « combats » chaque jour, à engager des réformes, à dessiner le futur de LCL.

Tout cela pour dire que, dans nos métiers de service, ces réflexions sont d'un autre âge. Il est nettement préférable d'avoir des équipes engagées, ayant du discernement et le sens des responsabilités, plutôt que des comptables d'heures stériles !

De plus, l'essor de la technologie – Zoom, Teams, Slack, etc. – a rendu les contours flous. Si je réponds à un e-mail à l'heure du dîner, dans le train, en avion ou pendant mes vacances, suis-je en train de travailler ou non ? Je trouve d'ailleurs très bien que l'on ait réfléchi au droit à la déconnexion, pour mieux tracer cette frontière. Néanmoins, la vraie question à se poser concerne plutôt la qualité du travail fourni lors de ces heures hors du bureau. Pour le reste, c'est aux entreprises de définir le cadre de cette nouvelle composante du monde des affaires, destinée à durer, si l'on en juge par les desiderata des Français, et du reste du monde aussi d'ailleurs ! Je relève aussi, au passage, que l'on évoque beaucoup les aspirations de cette génération postcovid qui plébiscite un meilleur équilibre de vie, en omettant de mentionner tous ceux pour qui ce n'est pas possible : commerçants, ouvriers, agriculteurs, etc. On ne reviendra pas en arrière, cela semble acté. Pourtant il va falloir veiller à garder des plages de travail d'équipe, d'autres de rencontre avec son manager, en particulier pour les jeunes embauchés, du temps en commun, tout simplement. On se sépare plus facilement d'un collaborateur que l'on a peu vu ou presque et, inversement, on quitte plus facilement une entreprise dont on n'a jamais vu les locaux. Au-delà de ces considérations, peut-être qu'après l'euphorie de cet équilibre retrouvé, les interrogations affleureront, car le télétravail présente aussi un risque pour l'entreprise et la société. En effet, à l'heure d'un communautarisme plus exacerbé, l'entreprise est l'un des endroits où la mixité est éprouvée et fait naître du positif.

La bienveillance, oui, mais pas le nivellement par le bas

Rien ne sera plus comme avant : comment, et faut-il, réenchanter ses troupes ?

MICHEL MATHIEU – Une chose est certaine, le management est avant tout une expérience humaine. À l'heure où cette fatigue supposée envers le travail est disséquée à tout va, je crois qu'il faut surtout revenir à un essentiel : à savoir l'humain. L'on entend, chaque jour ou presque, que beaucoup, particulièrement la génération Y, sont désabusés vis-à-vis de leur vie professionnelle, privilégiant désormais temps libre et vie personnelle. Je ne serai pas aussi assertif et me demande parfois si ce ne sont pas des boniments délivrés par des gourous en mal de clients et/ou de lecteurs.

Réfléchissons autrement : les jeunes étaient-ils plus heureux et plus impliqués après guerre ou encore récemment dans des organisations tayloriennes, vides de sens ou dirigées par des patrons peu enclins au partage et au dialogue ? Franchement, je n'y crois pas. Aucun chef d'entreprise en 2023 ne peut se permettre, non par pur calcul mais par essence, de ne pas respecter ses salariés, de ne pas les associer aux projets, ou d'envisager de diriger une armée obéissante, silencieuse et désincarnée. Le petit chef appartient à un passé révolu et condamné.

Changeons, dialoguons, respectons-nous dans l'intérêt supérieur de l'entreprise qui ne peut que rejoindre l'intérêt des collaborateurs ! Les dirigeants doivent donner de la perspective et des responsabilités, permettant à chacun de progresser, de se sentir utile et respecté. Le sujet se situe plutôt ici à mon avis. Ce qui m'amène à la bienveillance dont on nous rebat aussi les oreilles. Pour moi, c'est un prérequis, mais elle doit s'assortir d'exigence, sinon c'est le nivellement par le bas. C'est pour cela que je me bats contre les entretiens d'évaluation annuels dont il ressort généralement une note médiane, identique ou presque pour tous. Or, le courage managérial, c'est évidemment de souligner un bilan positif mais aussi de pointer les faiblesses d'un individu et d'établir les objectifs idoines pour l'accompagner et lui permettre de progresser.

L'égalitarisme à tous crins et toujours s'en tenir au plus petit dénominateur commun n'a jamais fait grandir qui que ce soit. Et je pense, en outre, que cette épidémie très française dégrade nos performances économiques comme la qualité de nos services publics…

Pour revenir au fait de « réenchanter » ses troupes, je ne sais pas si c'est le bon terme, en revanche il est certain que le secteur de la banque n'a plus le choix que de s'interroger. Il s'agit d'un des premiers employeurs du secteur privé en France – les conseillers bancaires représentent quarante mille embauches par an – or, les moins de 40 ans sont plus de la moitié à partir dans un délai de moins de deux ans. Ils œuvrent comme des mercenaires et le rapport de force s'est inversé là où hier la crainte du chômage les obligeait à plus de « docilité ». J'entends que cette catégorie de personnes ont besoin d'idéaux, de croire en ce qu'elles font, mais notre mission est aussi de leur expliquer qu'elles sont les premiers acteurs de leur avenir. L'entreprise n'est pas nécessairement là pour leur servir la becquée.

Le consensus mou est à fuir

Ce courage managérial, qui risque de froisser, ne va-t-il pas à l'encontre des besoins d'empathie relevés dans le discours ambiant ?

MICHEL MATHIEU – C'est pourtant un élément majeur de la gouvernance. Et cela ne m'empêche pas de faire montre d'humanité, beaucoup vous le diront. Mais il y a certains principes dans l'entreprise que tout dirigeant doit s'efforcer d'incarner et de défendre. Le premier, c'est d'avoir le courage de dire la vérité, le courage de ses idées, le courage dans l'effort et la persistance. Cela va de pair avec la charge managériale ultime qui consiste à décider. Laquelle doit s'appuyer sur une expression libérée des opinions, car j'accepte volontiers d'être remis en cause. J'ai remarqué qu'il était rare dans les équipes d'oser partager son point de vue s'il est différent du discours environnant. Or, la vraie valeur ajoutée est dans l'échange et la confrontation des idées. Sinon à quoi sert de faire des réunions ? Je pousse même mon entourage à désobéir s'il n'est pas d'accord avec une décision, un projet ou une procédure, et m'autorise, de la même façon, à dire ce que je pense car l'authenticité est une vertu cardinale du dirigeant. Si l'on a créé un climat de sécurité psychologique, dans lequel les collaborateurs se sentent en confiance pour livrer une opinion, on ne froisse personne. Quelqu'un m'a dit un jour : « un patron n'est pas là pour être aimé » et c'est vrai. Le consensus mou est à fuir.

Être au sommet de la hiérarchie nous oblige avant tout

Sauf que vous savez bien que la hiérarchie peut engendrer une crainte, ou à tout le moins constituer un frein pour une parole libre…

MICHEL MATHIEU – Je vais vous raconter une anecdote qui m'a marqué. Un jour, mon père, qui venait d'un milieu très modeste, m'a emmené enfant pour changer une bouteille de gaz. Il y avait une longue file d'attente, le commerçant engage la conversation avec lui, prend une bouteille neuve et la charge dans le coffre. Je lui ai alors dit : « Mais papa il y a dix personnes qui font la queue et il nous sert en premier. » Il m'a répondu qu'il le tenait en estime et avait toujours pris soin de le lui signifier, avant d'ajouter cette phrase que je n'ai jamais oubliée : « Plus une personne se trouve en bas dans la hiérarchie, plus il faut la respecter. »

Je l'ai dit précédemment : il est important d'aller au contact, notamment avec la base de son organisation, sans hiérarchie intermédiaire. Simplement pour écouter, questionner et décider ensemble les changements nécessaires. C'est ce qui renforce la proximité, d'une part, mais aussi votre crédibilité. Il fut un temps, dans une autre entreprise dont j'ai eu la charge, où j'ai précisément commis une charte d'engagement. Elle stipulait un certain nombre de droits et de devoirs, de nature à encourager de bonnes pratiques et à induire un rôle de coach de la part du personnel encadrant.

J'ajouterais que la hiérarchie m'oblige surtout, en ce sens que j'ai moins le droit à l'erreur, comme elle me pousse à être très transparent. C'est à cette condition que l'on entraîne à sa suite pour bâtir un projet.

Pouvez-vous en dire plus ?

MICHEL MATHIEU – On ne bâtit pas de cathédrale sans un plan. La stratégie, comme le dit Joël de Rosnay, consiste à « s'élever pour mieux voir, relier pour mieux comprendre, situer pour mieux agir ». Bien sûr, on ne se réinvente pas tous les mois, mais ce désir d'avenir, comme je l'appelle, implique l'intégrité et la sincérité du raisonnement stratégique du dirigeant, une forme de vérité qui se doit d'être comprise et intériorisée pour susciter l'adhésion de tous dans le groupe. Mais on ne peut rallier sans être lucide sur l'état des forces réelles et la capacité au changement. C'est pourquoi, parfois, je pense que mieux vaut une visée plus courte mais appropriée qu'une plus longue qui laissera les collaborateurs inquiets face aux efforts qui leur sont demandés. Enfin, je suis persuadé qu'il faut garder une ambition haut placée.

Par exemple, nous étions en 2016 derniers en termes de satisfaction client parmi l'ensemble des banques françaises mesurées par l'IRC (ce que les Anglo-Saxons appellent le *Net Promoted Score* [NPS]). Nous avons décidé de devenir numéro 1 en 2023. Étapes après étapes, nous avons été élus meilleur service client en 2022 et 2024, et avons remporté de nombreux prix sur ces indices de satisfaction, ce qui nous a conduits aujourd'hui à être dans le trio de tête des meilleures banques tricolores. Peut-être ne serons-nous pas toujours premiers, mais aurait-il été concevable et mobilisateur de se contenter d'être simplement dans la moyenne ? Le consensus est rarement général, c'est pourquoi il est vital d'écouter, de consulter, de partager avant de décider. L'esprit d'équipe et la persévérance sont clés et un préalable pour mettre tout le monde en action, une fois la stratégie établie.

Je repense à *L'Anabase*, cet ouvrage de Xénophon qui décrit les guerres entre Perses et Grecs. Ces derniers élisaient leur chef de guerre à travers un vote dans les règles. Ils dépossédaient le chef en place s'ils estimaient qu'il n'était pas en capacité de mener la bonne stratégie. Ça donne à réfléchir… Combien de dirigeants aujourd'hui seraient élus par leurs collaborateurs ?

Toute entreprise a un narratif qui lie les salariés

Beaucoup d'encre a coulé ces dernières années autour du bien-être des salariés, d'un monde du travail en mutation, des aspirations de la société qui évoluent… et vos propos vous ramènent systématiquement au client. Pourquoi ?

MICHEL MATHIEU – Parce que c'est le nerf de la guerre ! Notre seule raison d'être consiste à rendre un service et donc à engager toutes nos forces vers cette seule finalité. Oui, le monde et ses espérances évoluent, le grand mouvement vers la transformation numérique est irréversiblement engagé. Il n'empêche. À la fin de la journée, comme disent les Anglo-Saxons, ce qui compte, c'est le client. Quand j'envoie à chacun de nos six millions de clients une charte d'engagement, accompagnée d'une lettre signée de ma main, charte dans laquelle nous prenons collectivement dix engagements concrets pour leur service et pour leur entière satisfaction, c'est bien ce que je veux souligner. *Idem* pour absolument l'ensemble de nos collaborateurs qui ont reçu un mail rappelant notre devoir à tous de toujours viser la première place de service aux clients, puisqu'il y va de la survie de toute entreprise.

Le client n'est plus simplement le roi, comme on l'entend encore, il est celui à qui nous devons faire vivre une expérience unique, conforme à ses attentes. Et cela nécessite plus que de simples compétences techniques. Il faut que chacun dans l'organisation fasse preuve d'intelligence sociale, émotionnelle, et de discernement. C'est pourquoi je crois essentiel d'infuser la culture de la satisfaction client dans tous les départements de l'entreprise, même ceux que l'on imagine éloignés de ces contingences, car tous concourent, en définitive, à son service et à son contentement.

Pour y parvenir, la marque doit devenir l'expression symbolique qui rassemble les troupes et porte nos valeurs, et il est important de se rallier sous ce drapeau. L'âme d'une entreprise et les principes y afférents, incarnés par son dirigeant, sont des enjeux managériaux qui ont été un peu galvaudés mais qui valent toujours la peine.

En quoi l'âme ou la culture d'entreprise constitue-t-elle un socle pour une organisation ?

MICHEL MATHIEU – Un socle mais aussi un piège parfois, comme lorsque j'ai évoqué cette « pieuvre » en introduction de ce texte. La frontière est ténue. Déjà, associer ce terme au management, c'est admettre que l'entreprise forme une société en soi, en ce sens qu'elle est un corps social, avec un passé, un narratif, des habitudes, des normes… Elle impacte directement la compétitivité. Plus les employés adhèrent à ce récit, mâtiné de valeurs et de vision stratégique, plus ils sont enclins à s'impliquer et donc productifs. C'est une entité informelle – elle incarne l'esprit plutôt que la règle et constitue une source de motivation en soi, qui va bien au-delà pour les salariés que la seule perspective de recevoir leur salaire à la fin du mois.

C'est l'unité qu'elle engendre qui les conduira à adhérer à un projet, à innover, ou à s'adapter en cas de tempêtes.

Elle est aussi un piège si, au nom d'une « mythologie » qui lui est propre, elle ôte toute envie d'agir et paralyse. Voilà pourquoi j'ai coutume de dire que notre – longue – histoire n'est pas notre destin. Cette culture d'entreprise peut s'avérer être une pieuvre lorsqu'elle vous enferme lentement dans des usages du passé, dans des archaïsmes, et si ce sentiment est assorti d'une hiérarchie tentaculaire et pesante, alors se remettre en cause si nécessaire devient plus difficile.

Il est humain et légitime de craindre le changement s'il est justifié. Mais il faut surmonter cette peur sous peine de pénaliser la croissance. Quoi qu'il en soit, j'accorde de l'importance à l'ambiance de ce corps social, à tous ses petits signaux qu'à mon avis il ne faut pas délaisser sous prétexte de faire de la stratégie.

Diriger, c'est faire œuvre commune avec ses équipes et les conduire, dites-vous, mais ne vous arrive-t-il pas de douter ?

MICHEL MATHIEU – Le doute est indissociable du rôle de chef d'entreprise, presque à tout instant, mais il est constructif. Mon job, c'est d'assumer. La ligne de crête est fine, en effet, entre l'expression de sa confiance en la réussite d'un projet, sans pour autant cacher les difficultés. Mais c'est ainsi que l'on fédère. Tout dirigeant connaît ce sentiment à un moment ou à un autre de sa vie professionnelle et c'est une expérience qui fait grandir. À la question de savoir comment on devenait la meilleure agence de communication, une femme, dont la réputation n'est plus à faire dans ce milieu, a répondu en disant : « En ne pensant jamais qu'on l'est ! »

Il m'arrive d'avoir peur ou de ne pas dormir aussi, mais je ne le montre pas.

Toute stratégie est assurément un *work in progress*, nécessitant des ajustements permanents. Ma motivation tient du fait que je ne veux pas avoir à me reprocher de ne pas avoir fait tout mon possible pour accompagner la croissance de la banque.

Vous évoquez l'importance d'être le premier dans son domaine et, en même temps, avancez l'idée que les performances dites « plurielles », à savoir non exclusivement financières, sont clés. Néanmoins, ambition haut placée et performance ne signifient-elles pas la même chose ?

MICHEL MATHIEU – Pas tout à fait. Toute entreprise, à mon sens, ne peut viser que l'excellence et pas seulement la performance. Son seul objectif se doit d'être première sur son marché et dans son métier. Imagine-t-on un dirigeant expliquant que son projet d'entreprise est de viser la deuxième place ? Pas moi en tout cas, même si l'on sait pertinemment que cela sera très difficile. Sinon cela revient à expliquer à ses collaborateurs qu'ils ne sont pas les meilleurs et donc ne sont pas dignes d'être les premiers. Impensable. Cela est pour moi une question de principe et de respect pour l'organisation que l'on dirige.

De plus, les enjeux étant plus complexes – environnementaux, sociétaux, digitaux, géopolitiques… –, la performance se conjugue dorénavant au pluriel. Un dirigeant ne peut plus se contenter d'une approche monolithique mais, à l'inverse, doit prendre en compte une somme d'intérêts et d'objectifs, d'où l'importance d'inclure de la diversité, des « courts-circuits » à même de relancer la boîte à idées : personnalités moins diplômées, mais talentueuses, nomination de directeurs d'agence de moins de 30 ans, etc. Tout cela alimente l'efficacité et la compétitivité.

L'organisation a besoin d'une colonne vertébrale

Vous êtes un homme de conviction aux avis tranchés. Quels sont vos coups de gueule ?

MICHEL MATHIEU – Nombreux ! Je suis sincère par nature. J'ai en horreur le fait que plutôt que de valoriser ou récompenser les comportements vertueux – et durant le covid moult exemples ont abondé dans ce sens –, nous sommes dans une société régentée par la loi et la sanction.

Dans ces circonstances, il ne faut pas s'étonner que la défiance – mentionnée plus haut dans cet entretien – gagne du terrain. Elle est, d'une part, une réaction face à l'exercice parfois irrespectueux de l'autorité en entreprise et, d'autre part, une remise en question plus radicale de ce qu'est l'autorité tout court. Les clients, les citoyens connaissent mieux leurs droits, deviennent plus exigeants, entrent dans un dialogue transactionnel et, par conséquent, respectent moins toutes les organisations avec lesquelles ils traitent, au moment où toutes les entreprises redoublent d'efforts pour la satisfaction des consommateurs. C'est ce qu'analysait récemment le sociologue Jérôme Fourquet : « L'équilibre entre droits et devoirs est constamment battu en brèche. Quand une livraison est en retard ou qu'un service se révèle non conforme à l'attente, on se met de plus en plus vite en colère[2]. » Du côté des entreprises, dit-il, cette diligence est hyperexigeante. Et participe aussi d'un processus de démotivation des salariés.

Ajoutons à cela ces interdits qui se multiplient. Certains groupes de pression ont pris trop d'ascendant sur divers sujets. Or, pour plaire au plus grand nombre, on finit par ne plus avoir de colonne vertébrale, ce qui est dommageable dans une entreprise. Que le plus grand nombre s'exprime est fondamental, mais veillons à ce que cela n'exerce pas une forme de tyrannie, avec des espaces de liberté réduits comme peau de chagrin. On fait appel à la censure ou au blâme et non à l'intelligence du citoyen, on dénonce, on surveille : de quoi étouffer la démocratie, alors qu'il suffirait de plus d'exemplarité.

2. Cynthia Fleury et Jérôme Fourquet, « Pour les Français, la valeur travail est devenue moins centrale », *Les Échos Week-end*, 5 janvier 2023.

Mener des actions congruentes avec ce qui est annoncé

De quelle forme d'exemplarité parlez-vous ?

MICHEL MATHIEU – Les Français ne sont pas idiots. Aimeriez-vous avoir un patron qui souligne tous les jours ce que vous faites de travers au lieu de vous tirer vers le haut ? Personne n'a envie de se dépasser, de donner le meilleur de soi-même dans de telles conditions. Plutôt que d'interdire ou déprécier, montrons l'exemple. Vraiment, ce sujet m'importe. En tant que dirigeant, je suis sans cesse observé, chose que j'ai acceptée en même temps que ma fonction. Je me dois donc de rester cohérent, ou consistant si vous préférez, eu égard aux messages que je souhaite délivrer à mes salariés. Il ne s'agit pas d'être parfait en tous points, mais *a minima* de distiller une éthique et de la sincérité dans l'environnement de travail. Cette exemplarité est d'autant plus cruciale que l'on reproche régulièrement à la classe politique d'en manquer… Un exemple trivial parmi d'autres : en raison de l'environnement macroéconomique incertain, il est évident – et d'ailleurs même pas questionnable – d'éviter des dépenses inutiles, des déplacements ou des changements de voitures de fonction. Car ne pas être irréprochable au plus haut niveau de la hiérarchie conduit forcément les équipes à « résister » et à ne plus accepter les efforts demandés. Si le stress est contagieux, l'exemple l'est tout autant : au leader, donc, d'envoyer les bons signaux.

C'est à cette condition – faire des choses congruentes avec ce qui est annoncé – que l'on est crédible, entendu et suivi par ses équipes.

Vous semblez militer en faveur d'une stratégie de la simplicité...

MICHEL MATHIEU – Oui, car nos grandes organisations fabriquent, on le sait, de la lourdeur qui s'ajoute aux contraintes de chaque métier et vient s'ajouter aux contrariétés ambiantes, générées par l'environnement macroéconomique du moment.

Cette complexité, selon certaines études, a été multipliée par trente-cinq entre 1955 et aujourd'hui, et je ne suis pas certain que cette tendance s'inverse un jour tant l'aversion aux risques, la peur de la sanction alliée aux réglementations diverses s'imposent dans la vie économique.

Il faut oser fixer des règles simples et surtout les faire appliquer. À commencer par limiter le trop-plein de réunions et la profusion de tableaux de bord, chronophages à produire et que personne ne lit vraiment, soyons honnêtes, véritables maladies du monde du travail. Dans notre entreprise, nous avons instauré pour nos réunions internes dix règles d'or présentées sur un ton humoristique, pour s'assurer que personne ne perd son temps... Souvent un mail peut parfaitement régler un problème.

De la même façon, quand on ne comprend pas un dossier ou une proposition : on ne le fait pas ! Cela peut sembler prosaïque c'est pourtant efficace. D'ailleurs, une chose m'inquiète aujourd'hui, c'est la kyrielle de normes absconses que l'on voit s'imposer dans tous les interstices de la société.

De quelles normes parlez-vous ?

MICHEL MATHIEU – Je trouve qu'au nom du sacro-saint principe de précaution, une société de la norme et du contrôle en tout genre est en train de voir le jour, laquelle tend à déresponsabiliser tous ceux qui ont un pouvoir décisionnaire, dirigeants, élus ou autres. À mon sens, un triptyque « Interdire – Surveiller – Punir » a pris le pas insidieusement sur le précédent qui s'appuyait plutôt sur ces notions : « Inciter – Responsabiliser – Récompenser ».

Des armées de technocrates aux niveaux local, départemental, régional, national, européen, voire mondial, édictent des normes et des mesures dans tous les secteurs, le plus souvent incomprises des citoyens ordinaires, mais auxquelles tout un chacun est tenu de se plier. Comme si l'on voulait nous priver du peu de liberté individuelle qui nous reste encore.

« On ne change pas la société par décret », écrivait il y a déjà longtemps Michel Crozier[3] et je souscris à cette assertion.

Pour bon nombre de nos concitoyens, jeunes et peu éduqués en particulier, la violence physique devient alors la seule réponse, même si regrettable, face à cette complexité qu'ils ne comprennent pas.

C'est aussi extrêmement prégnant dans mon métier où, au mieux, 20 % de nos clients lisent et comprennent des dizaines, voire des centaines, de pages de régulations diverses, dans un volapük inintelligible, promulguées par des technocrates, pensant ainsi protéger le consommateur. Je l'ai dit précédemment : tout cela concourt à nous infantiliser collectivement.

D'après Agnès Verdier-Molinié, essayiste et directrice de la fondation iFRAP, un think tank d'évaluation des politiques publiques[4], l'on estime à 100 milliards d'euros annuels le coût global des normes dans notre pays (80 milliards pesant sur les entreprises et 20 milliards sur les collectivités et les citoyens) !

3. Michel Crozier, *On ne change pas la société par décret*, Fayard, coll. « Pluriel », 1982, p. 310.
4. Agnès Verdier-Molinié, *Où va notre argent ? Des dépenses qui explosent, des services publics qui s'effondrent : le scandale français*, Éditions de l'Observatoire, 2023, p. 223.

Après l'homme, il y a encore l'homme

Alors que, comme vous le dites, le monde de l'entreprise fait face à de nouveaux défis, plus complexes même parfois, diriez-vous que le digital a transformé les fonctions managériales ?

MICHEL MATHIEU – Est-il nécessaire d'écrire sur ce sujet ? Il suffit d'une phrase : aucune entreprise n'existera demain si elle n'est pas digitale. Aucun secteur d'activité n'y échappe. Industrie, formation, banques, sociétés de transport, services, etc. La digitalisation de l'économie est omniprésente. Elle impacte le fonctionnement de l'entreprise dans son ensemble (distribution, expérience client, communication, modèle d'affaires, management, RH, production, etc.) et a profondément remanié le fonctionnement des organisations. Ce, de façon positive. L'avènement de ce que nous appelons les « néobanques » (NDLR, banques exclusivement numériques à coûts moindres) nous a forcés à nous remettre en question et à accélérer nos investissements vers le digital. Chez LCL, nous avons pris le parti de conjuguer les deux, physique et digital, et cette concurrence s'est révélée saine, voire providentielle.

L'année dernière, 41 % des entreprises, tous domaines d'activité confondus, reconnaissaient que le digital constituait une part croissante de leur chiffre d'affaires. Le numérique est ainsi perçu comme un moyen de garantir ou sauvegarder leur activité et d'améliorer la satisfaction ou la fidélisation des clients (48 %), *via* des sites marchands, *marketplaces*, réseaux sociaux… La crise sanitaire a dopé la présence des commerçants sur les canaux de vente en ligne. D'ailleurs, un tiers d'entre eux, vendant des produits *via* les réseaux sociaux, s'y sont mis très tardivement.

Plus largement, je ne pense pas que l'heure où l'homme sera détrôné par une machine ait sonné. L'intelligence artificielle va nous aider assurément d'un point de vue technologique, mais pas remplacer l'humain, c'est pourquoi je parle plutôt d'intelligence augmentée.

Nous ne sommes qu'au début de ces transformations. L'irruption de technologies comme ChatGPT va probablement bouleverser certains métiers. Peut-être est-ce générationnel mais il y a quelques années on nous parlait de *data warehouse*, sous la recommandation de sociétés de conseil, la révolution spectaculaire n'a pas eu lieu. Alors gardons notre bon sens. J'ai coutume de dire : « Après l'homme, il y a encore l'homme. »

Vous n'envisagez donc pas que le management algorithmique domine le monde un jour, en particulier dans les métiers de la banque ?

MICHEL MATHIEU – Je suis sceptique, en effet. Quand bien même la collecte et le traitement de données de toute nature vont sans aucun doute conditionner le siècle qui vient. Jamais dans l'histoire de l'humanité l'homme n'aura eu accès à une telle quantité d'informations. Depuis 2010, l'homme en produit autant en deux jours qu'il ne l'a fait depuis l'invention de l'écriture il y a plus de cinq mille ans !

Le but de l'IA est de permettre à des ordinateurs de penser et d'agir comme des êtres humains mais, même couplée à la collecte croissante de données, je ne pense pas qu'elle puisse remplacer le stratège, l'intuition, le sens du beau, les sentiments, la vision du futur… Elle est et sera demain une aide encore plus importante pour fournir des données, croiser des analyses, construire et évaluer des *scenarii*… mais elle ne peut pas remplacer deux choses primordiales à mon sens : l'intuition humaine et les disruptions imprévisibles comme le covid par exemple. Je comprends les craintes des collaborateurs fondées sur l'idée que les machines pourront, dans un avenir proche, remplacer les humains, avec en toile de fond des problématiques de pertes d'emplois. Mais elle est encore – très – loin d'être capable d'imiter l'intelligence humaine.

Que peut-on attendre de cette collaboration homme-machine ?

MICHEL MATHIEU – Beaucoup d'entre nous se souviennent sans doute de la victoire du Deep Blue d'IBM sur le champion d'échecs Garry Kasparov. Cette compétition nommée « *freestyle chess* » a démontré magistralement que le vrai vainqueur entre les deux n'est ni la machine, ni l'homme mais l'alliance des deux. Et elle peut être bénéfique pour l'homme dans une très grande variété de domaines. La santé en est un exemple éloquent. Les médecins s'appuieront sur l'IA pour formuler de meilleurs diagnostics (le programme informatique Watson d'IBM l'a prouvé[5]), sûrement, mais il leur faudra toujours faire montre d'une empathie très incarnée pour rassurer les patients. Les algorithmes d'autoapprentissage leur permettront de consacrer moins de temps aux tâches « laborieuses » (mémorisation de nomenclatures, veille continue de nouveaux travaux de recherche…), et davantage de temps à des tâches typiquement humaines telles que la compréhension des symptômes, la pose du diagnostic, la définition du traitement ou l'écoute. Dans le secteur de l'assurance, beaucoup de produits standards pourront être souscrits *via* des machines, tandis que l'intelligence humaine se concentrera sur les cas plus complexes, tels que les contrats à destination des entreprises.

Cette collaboration avec la machine est une opportunité, en tant qu'accélérateur d'intelligence. Pour autant, elle ne saurait se substituer à la détection de signaux faibles envoyés par la société car ils ne sont tout bonnement pas modélisables.

Croyez-vous que l'IA aurait pu écrire *Quand la Chine s'éveillera*… à la place d'Alain Peyrefitte ?

5. En 2016, le « supercalculateur » d'IBM, grâce au *machine learning*, a diagnostiqué une leucémie chez une patiente japonaise de 60 ans, permettant aux médecins d'adapter leur traitement.

La digitalisation à marche forcée de nos vies a donné naissance à une conversation ininterrompue et mondiale : comment l'entreprise peut-elle faire entendre sa voix sur les réseaux sociaux ? Et le doit-elle d'ailleurs ?

MICHEL MATHIEU – Chaque jour, 72,1 % des Français se connectent à Internet, et aux réseaux sociaux, pour une durée moyenne de deux heures. Avec de tels chiffres, il est évident que les entreprises doivent y donner de la voix et s'y montrer. Ne serait-ce que pour contrôler leur image alors que ce maelstrom tentaculaire est aussi devenu la pierre angulaire des opérations d'influence et d'intoxication. Une marque ne peut prendre le risque de laisser le champ libre à une expression certes démocratique – quoique pas toujours si l'on se réfère aux bots – mais non maîtrisée, si elle obère les efforts et les messages qu'elle a patiemment élaborés depuis des années.

On le sait, cette agora 2.0 est sans filtre ni inhibition. Elle agit comme une sorte de référendum permanent, qui statue sur le bien ou le mal, émet des avis sur tout, y compris sur des sujets auxquels ces internautes ne comprennent pas forcément les tenants et les aboutissants, surtout s'ils sont complexes et techniques. Dans ce contexte, les dirigeants sont de plus en plus sollicités et interpellés sur des sujets de société. Peu importe leurs secteurs d'activité : L'Oréal, Total, LVMH… tous nous devons prendre part à la discussion et quelquefois littéralement éteindre des départs de feu pour une publicité jugée sexiste, une représentation familiale trop stéréotypée, une justification sur des questions environnementales, les sujets sont illimités.

Partager sur les réseaux sociaux au moment opportun

Dans ce concert digital, les influenceurs sont devenus les chantres de l'information. Une information instantanée, sur des formats très courts, propagée à la vitesse de l'éclair à coups de tweets, posts Youtube, TikTok, Twitch ou Instagram… et qui prend souvent, avouons-le, de vitesse les services de communication dans une entreprise. Ils peuvent désormais, au même titre qu'un journaliste chevronné, interviewer un ministre, voire un président de la République, ce qui, soit dit en passant, constitue une concurrence redoutable pour les médias traditionnels, lesquels doivent s'adapter. Un quart des moins de 30 ans disent s'informer prioritairement *via* ces canaux. Hugo Décrypte, créé par Hugo Travers en 2015, a généré depuis un total de 313 millions de vues et comptabilise 1,8 million d'abonnés, seulement sur Youtube (il officie également sur TikTok, Twitch, avec des émissions en live, etc.). C'est largement plus que des médias historiques !

Je dresse succinctement cet état des lieux pour dire que les dirigeants ne peuvent plus s'abstenir d'utiliser ces canaux, et que leur parole y est plus que précieuse. Il faut veiller à une cohérence, avec la culture et les valeurs de l'entreprise, d'une part, mais aussi à la nature des messages transmis, en lien avec sa stratégie. Propos qu'il faut savoir partager au moment opportun.

Cette tendance est positive en ce sens qu'elle nous pousse, nous, grandes organisations, à sortir de notre zone de confort, à explorer d'autres formes de communication, à y réfléchir en amont, à surveiller et à corriger, le cas échéant.

On peut déplorer ce mode de consommation, symptomatique d'une information émotive et lapidaire, mais, comme partout, il y a du – très – bon et du mauvais. À nous d'y naviguer et de s'y adapter le mieux possible, car il est de toute façon vital d'en être.

Pourquoi ? Parce qu'il s'agit aussi d'un formidable vecteur pour faire connaître votre activité et gagner en visibilité auprès des publics sensibles à vos sujets ; fournir un point de contact supplémentaire pour entrer en relation avec vous (primordial, lorsque, comme chez LCL, la satisfaction client est une priorité) ; interagir en temps réel avec les professionnels qui vous intéressent ; mieux référencer votre site internet principal (les Google et autres se servent de votre présence sur les réseaux sociaux pour améliorer votre référencement naturel) ; faire de la veille ; réseauter, autrement dit, faire grossir votre réseau, et approcher de potentiels partenaires et clients ; se positionner dans quelques domaines d'expertise pour attirer l'attention de nouveaux clients ; recruter de nouvelles compétences…

la liste est longue. Et finalement le numérique favorise les échanges transversaux.

Ne laissons pas la violence devenir un mode d'expression récurrent

J'ai démarré ma carrière avec un papier et un crayon et suis donc loin d'être un *digital native* ! Reste que je m'y suis mis, j'observe et sais désormais qu'une communication régulière, pertinente et authentique, à l'instar de celle que j'appelle de mes vœux quotidiennement au sein même de LCL, trouvera toujours une audience. Mieux, elle se répercutera positivement sur les enjeux et la réputation du groupe.

A contrario, je suis inquiet de l'utilisation qui peut être faite des réseaux sociaux où le meilleur comme le pire se déversent à une vitesse sidérante.

« La terre est plate », « les pharaons connaissaient l'électricité »... des inepties de cette nature se propagent auprès d'un public sans instruction ni recul critique, favorisant l'émergence d'une culture de « sous-doués ». Or, à les laisser se propager de la sorte, sans contre-feux, la population qui y adhère se soumet, de fait, aux pires absurdités et à une caste de « néosachants », proche d'une forme de potentat.

Il est fort inquiétant de constater que le socle du pacte républicain auquel sont rattachés l'éducation, le progrès et la transmission du savoir soit ainsi mis à mal. La violence tend à devenir le mode d'expression privilégié en lieu et place de la connaissance : j'espère qu'elle ne prendra définitivement pas le dessus.

Au terme d'une longue et florissante carrière, quel bilan aimeriez-vous que l'on retienne de votre action ?

MICHEL MATHIEU – Je ne cherche pas à laisser de trace, ni à ce qu'on m'érige une statue, j'aimerais simplement que l'on dise de moi que je n'ai rien lâché et que j'ai avancé, puisque seuls les actes restent. C'est l'unique voie pour asseoir sa crédibilité. Et j'ai jeté passionnément mon cœur dans cette bataille.

Jamais il ne m'a traversé l'esprit de me façonner un « faux self ». Je réprouve d'ailleurs cette société de l'apparence – fruit de notre époque –, la fabrication d'images exposées dans les médias : j'y vois de l'indécence. Or, la forme ne doit pas l'emporter sur le fond. Je ne suis membre d'aucune chapelle, n'appartiens à aucun réseau, ne cours pas les dîners en ville, ma priorité est d'incarner mon entreprise et de la développer. Pour le reste, je me moque de ce que l'on pense de moi. Je ne suis qu'un passeur, le monde continuera de tourner, il faut donc savoir tirer sa révérence. Même si j'espère pouvoir partager mon expérience avec d'autres, sous des formes différentes. D'une certaine façon, je serai ainsi dans la transmission d'un savoir, à l'exemple d'Alexandre de Navailles.

Alexandre de Navailles : *« Éduquer des contradicteurs pour changer le monde, cela s'apprend »*

Vous avez choisi de partager votre point de vue avec Michel Mathieu, pourtant vous n'appartenez pas à la même génération, ni n'évoluez dans le même environnement professionnel. Votre approche du management peut-elle pour autant converger ?

ALEXANDRE DE NAVAILLES – Est-ce l'âge qui fait la différence ?! Michel a un style assez direct. Sa priorité est, et a toujours été, d'engager, de fédérer ses collaborateurs autour d'un projet. Sur ce point, notre vision se rejoint. Peut-être est-ce dû au fait qu'en dépit de nos vingt ans d'écart, je me sens plus proche d'un management un brin

« paternaliste », dans son acception humaine assurément et non péjorative, j'insiste sur ce point.

Je pense d'ailleurs que nous nous sommes éloignés de cette façon d'agir plus brutale, en vogue dans les années 1990, conséquence d'un environnement alors très orienté vers les chiffres et la réduction des coûts. Cette époque était celle de l'application de principes drastiques de gestion rationnelle. La tendance était de contenir au maximum les frais quels qu'ils soient et d'optimiser les résultats, suivant une logique où le financier l'emportait sur le social. Aujourd'hui, nous revenons vers une façon de diriger que je qualifierais de « plus à l'ancienne », en ce sens qu'elle est plus altruiste et tient compte des besoins des hommes et des femmes qui composent les forces vives d'une entreprise. Ce qui est positif.

Qu'entendez-vous par « management à l'ancienne » ?

ALEXANDRE DE NAVAILLES – L'idée qu'un collaborateur puisse déployer ses ailes, développer ses compétences et trouver sa place dans la société à travers l'entreprise. Dans mes premières années de carrière, c'était moins le cas. La recherche de la performance pour la performance prévalait. J'ai connu des années où nos bonus étaient calculés uniquement en fonction des résultats financiers… Le reste n'avait vraiment pas beaucoup d'importance.

Or, depuis récemment, j'assiste à un retour de la prise en compte de paramètres différents. Comme au sortir de la guerre, période durant laquelle l'économie était florissante puisque tout était à reconstruire, j'observe aujourd'hui – pandémie oblige ? – un désir de renforcer le rôle intégrateur de l'entreprise.

La première des richesses, ce sont les collaborateurs

Pourquoi, selon vous, revient-on à une forme d'équilibre entre un management teinté de paternalisme et la toute-puissance des chiffres ?

ALEXANDRE DE NAVAILLES – Plus que de paternalisme, je parlerais de soin et d'attention à ses collaborateurs. Les années que nous venons de traverser ont bousculé le rapport au travail, ont suscité des questionnements chez beaucoup. Et ont donc pointé l'importance de s'épanouir dans son activité. Pour moi, la première des richesses dans l'entreprise, ce sont les collaborateurs. Quand on passe entre huit et douze heures (et plus) par jour au travail et que l'on n'y est pas heureux, l'entreprise vit moins bien. C'est un fait.

Alors quelles sont ces performances plurielles dont vous assurez qu'elles sont aussi déterminantes que les indicateurs financiers ?

ALEXANDRE DE NAVAILLES – Chez KEDGE, les choses sont sans doute un peu différentes, car nous sommes une association. La bonne équation à laquelle je fais référence, c'est celle où les collaborateurs sont pleinement impliqués dans le projet de l'entreprise, permettant la satisfaction des clients qui, de fait, y viennent ou y reviennent. Cette logique, somme toute simple, permet d'accroître le chiffre d'affaires et la rentabilité. De nombreuses recherches étayent ce postulat : des salariés engagés influent positivement sur la performance et l'habileté à mener à bien les missions de l'organisation pour laquelle ils travaillent.

Je trouve intéressant aussi que cela mette en perspective une échelle de temps. Les entreprises réalisent désormais que certes la profitabilité est vitale, mais leur capacité à s'inscrire dans la durée l'est tout autant. Nous sommes moins dans l'immédiateté.

Parmi tous les sujets extrafinanciers, ce qui a trait à la transition écologique ou peut avoir un fort impact sociétal est aujourd'hui dominant.

Chez KEDGE, nous avons, en particulier, plusieurs index qui nous paraissent fondamentaux comme l'inclusivité, l'origine sociale de nos étudiants, l'accueil de personnes en situation de handicap, comment nous opérons notre transition énergétique et le nombre de bourses versées. Celles-ci, par exemple, concernent 25 % de nos étudiants. Comme nous avons pris soin de créer un fonds d'urgence ou d'employer certains de ces jeunes au sein de l'école, pour leur permettre de financer leurs études. Nous souhaiterions, enfin, accueillir dans un avenir proche 6 % d'élèves en situation de handicap visible ou invisible. Tout cela agrégé est essentiel pour nous. Pas une novlangue managériale pour nager avec le courant.

Bannir la novlangue managériale

Ce sont ces outils qui suscitent motivation et engagement ?

ALEXANDRE DE NAVAILLES – Ce ne sont évidemment pas les seuls bien sûr, mais cela donne du sens et remet l'humain au centre. Un dirigeant doit tenir compte des aspirations individuelles. Pour ce faire, il faut privilégier l'écoute, la compréhension, manager par la confiance et non la méfiance, savoir déléguer. Tout cela constitue de véritables leviers, garantissant aux employés le sentiment d'être considérés et donc plus performants. La charge ou le pouvoir, si vous préférez, qui nous sont confiés en qualité de chefs d'entreprise ne sont pas un exercice d'ego mais, au contraire, notre capacité à tourner notre attention vers les équipes, à faire grandir les uns et les autres, pour que ce collectif puisse tendre, ensemble, vers l'accomplissement d'un but bon pour l'entreprise. Tout simplement œuvrer pour le bien commun qui nous est confié.

Et quel est le rôle d'un dirigeant dans tout ça ?

ALEXANDRE DE NAVAILLES – Devenir un manager ou un leader – et ce n'est pas exactement la même chose – est avant tout un cheminement. Dans mon cas, étape par étape, les choses se sont enchaînées assez fluidement, sans que j'aie eu à forcer le destin, en prenant quelques risques. Il est intrigant de constater que ce ne sont pas forcément mes compétences dans un domaine ou un autre qui ont primé mais plutôt, j'imagine, une certaine aptitude humaine, une façon d'être aux gens. C'est là que, selon moi, le leadership prend le pas sur le management. C'est une responsabilité que l'on assume. On ne peut pas s'autodéclarer leader comme un putschiste qui prendrait le pouvoir ! Ce sont ceux qui travaillent avec vous au quotidien qui peuvent déceler des qualités de meneur. Ou pas. Un leader inspire, convainc, entraîne, insuffle de l'énergie, alors qu'un manager, aussi compétent soit-il, s'inscrit plus dans une logique de productivité efficace. Je ne sais pas si mes collaborateurs me considèrent comme tel mais c'est sincèrement ce à quoi j'aspire.

Précisément, quelles sont, selon vous, les qualités constitutives d'un bon leader ?

ALEXANDRE DE NAVAILLES – D'abord, une capacité à convaincre, indéniablement. Probablement même la première d'entre elles. Cela nécessite d'être un bon communicant et donc de privilégier l'honnêteté, la transparence et la clarté. Michel Mathieu et moi partageons un point de vue similaire à ce sujet. Il faut être constamment à l'écoute, sous peine de s'isoler et, par conséquent, d'être coupé de la réalité. L'un des axes consiste à garantir un cadre sécure où un leader, en s'autorisant à être lui-même, franc et faillible, autorise de fait ses salariés à l'être également. On bâtit ainsi une culture de l'authenticité.

Il est évident que cela induit, par ailleurs, à être visionnaire, et ce bien au-delà de l'année en cours ou des deux suivantes. Cela exige de s'extraire du quotidien, prendre de la hauteur et consacrer une folle énergie au fait d'orienter son organisation vers un objectif à long terme. Cela n'est envisageable qu'en déléguant et en s'appuyant sur les autres. C'est fondamental. Cette hygiène permet de dégager du temps de cerveau disponible et bâtir une stratégie. J'estime qu'il est essentiel de compter sur ses équipes, avec confiance. Je peux ainsi m'extirper du côté opérationnel quotidien, partir sur le terrain, rencontrer et accorder du temps à plus de collaborateurs, peu importe leur place dans l'organisation. En cela, oui, le management a considérablement évolué.

Vous êtes-vous toujours plié à cet exercice ?

ALEXANDRE DE NAVAILLES – Je ne me plie pas à cet exercice par une contrainte, bien au contraire. C'est un réel plaisir et je suis comme ça par nature. Depuis la crise sanitaire, j'ai le sentiment que le rythme n'est plus le même et que, le recours aux réunions en visioconférence étant plus fréquent, nous prenons moins ce temps d'aller à la rencontre des gens. Or, il est vraiment important de maintenir ces contacts. C'est une satisfaction, certes, mais aussi un besoin. Aujourd'hui je considère avoir de la chance de voir mes étudiants tous les jours. Je mets tout en œuvre pour entretenir ces relations personnelles.

En quoi, selon vous, ces dernières années ont-elles influé sur les relations humaines dans l'entreprise ?

ALEXANDRE DE NAVAILLES – En premier lieu, cela a fait ressortir un grand besoin d'attention. Nous n'avons jamais autant parlé, dans le milieu des affaires, de bien-être, et en corollaire de mal-être. De fait, tout manager d'équipe doit se soucier de l'Autre avec un grand A. S'il était déjà important auparavant de communiquer au sein de l'entreprise, je réalise que c'est encore plus vrai aujourd'hui. Les collaborateurs expriment ces desiderata bien plus explicitement. Il y a une appétence palpable pour une forme de proximité chaleureuse, quoique professionnelle, pour une communication honnête et fluide et un désir de transparence. Cette crise sans précédent a fait naître de nouvelles données dans le monde de l'entreprise. Chacun, peu importe son rôle dans l'organisation, a dû faire preuve de courage, de résistance et de résilience. Nous savons aussi, grâce à des études, que la pandémie a profondément changé le rapport des salariés à l'autonomie. Dans la majorité des cas, en dépit d'une situation anxiogène et surtout inconnue, ils se sont adaptés à une conjoncture hors normes, continuant à « faire le job » malgré un encadrement et des *process* forcément plus distendus. Cette expérience de fonctionnement autonome en confiance a été concluante. Cela forge les caractères. Je constate que beaucoup de salariés ou de dirigeants se sont endurcis, dans le bon sens du terme, au sortir de cet épisode. Ils ont développé des qualités d'agilité et d'adaptabilité. Ce sont des forces qui resteront, notamment chez nos étudiants. D'ailleurs, il est probable que les générations suivantes, qui n'auront pas traversé cette drôle de période, n'auront pas la même force, ou alors dans une moindre mesure. Pour cette raison, j'encourage régulièrement les élèves à partager avec leurs futurs employeurs, lors de leurs entretiens d'embauche, leur expérience lors des confinements successifs – travailler seuls, à distance, sans sortir ni vivre comme un vingtenaire – et quels mécanismes ils ont mis en place pour y faire face : une preuve évidente de leur capacité de résilience et un grand atout. D'ailleurs, plus que l'agilité, c'est la débrouillardise que je veux mettre en avant.

En quoi cette idée d'ingéniosité est-elle à valoriser ?

ALEXANDRE DE NAVAILLES – Il y a une analogie à établir avec l'hypertechnicisation de nos vies, sans que chacun prenne réellement le temps de savoir ce qui se cache derrière la technologie. Les avantages de nos smartphones ne sont plus à démontrer : tout se faire livrer – y compris des médicaments – à l'heure souhaitée, regarder n'importe quel film, faire une réunion Zoom, prendre un rendez-vous chez le médecin, récupérer ses documents de travail *via* le cloud, gérer son compte en banque… Les sphères professionnelles et privées sont interconnectées et, tant que cela fonctionne, chacun est satisfait. Mais qu'un grain de sable, un imprévu, vienne se glisser et l'on peut sombrer dans une situation kafkaïenne, incapable de résoudre un problème. Nous avons tous connu un sentiment d'impuissance face à un dysfonctionnement de matériel informatique ou autre. Ce que je veux donc signifier, c'est que cette drôle de période en aura armé certains pour remédier aux aléas et autres accidents inopinés. J'ai réellement appris cela lors de mes études à l'université Paris-Dauphine, loin du cadre plus corseté d'une classe préparatoire : à naviguer en toutes occasions, même par avis de vents contraires, à résoudre un problème sans avoir les bons outils, à décider vite, en dehors d'un cadre si la situation l'impose. Cela m'est utile tous les jours.

L'adversité permet de jauger les leaders

Plus largement, nous vivons une période de bouleversements géopolitiques et économiques. En quoi cela change-t-il la façon de diriger ?

ALEXANDRE DE NAVAILLES – Nous sommes passés au travers de tellement de crises déjà ! Je dirais même que ça a toujours été le cas. Dans ma carrière, j'ai eu à affronter par exemple les attentats de 2001, la crise financière de 2008, les attentats en 2015 pour ne citer que celles-là. Et tous les trous d'air qui ont suivi. Mais ça passe. C'est dans l'adversité que l'on voit les leaders. Le covid a notoirement changé la façon de travailler et les rapports humains : les bureaux sont plus vides, la digitalisation s'est accélérée, la frontière entre vie privée et vie professionnelle est plus poreuse en raison du travail à distance, la composante émotionnelle s'est largement invitée dans les bureaux… tous ces éléments conjugués ont engendré une nouvelle complexité. J'enfonce une porte ouverte mais l'éveil collectif qui en a résulté, cette vision du monde différente, induit un changement durable. Cela a obligé les organisations à se pencher plus avant sur leur rôle dans la protection de l'environnement, sur leur façon d'accueillir la diversité sous toutes ses formes, et bien sûr, certains ayant, pour maintes raisons, mal vécu cet isolement forcé, à mieux prendre en compte les besoins émotionnels des salariés. Alors, crises ou pas, je reste convaincu que la bonne marche d'une organisation repose aussi sur des moments d'échanges comme un dîner ou un mot, sur le fait de connaître le caractère des gens, savoir ce qui les anime, eux et leurs équipes, tous ces petits « riens » qui constituent pourtant le sel de la vie.

Est-ce à dire que la composante émotionnelle dans l'entreprise a pris une place plus importante ?

ALEXANDRE DE NAVAILLES – Il est certain que l'état d'esprit des collaborateurs est désormais un sujet qui n'est pas périphérique. Pendant très longtemps, la performance d'une organisation s'est mesurée à l'aune des seuls résultats financiers. Aujourd'hui, l'engagement, comme d'autres indicateurs que l'on ne mesure pas avec des chiffres, fait partie intégrante de l'analyse de l'entreprise. Or, l'une des clés pour y parvenir est une méthode de management empathique, qui mêle intérêt, reconnaissance, confiance, loyauté, bienveillance, authenticité… une sémantique assez nouvelle qui, du moins, n'était vraiment pas en vogue dans le monde des affaires dans les années 1990-2000. Et cela ne veut pas dire céder à la facilité et baisser le niveau d'exigence que l'on peut avoir sur l'organisation et ses collaborateurs.

Par exemple, chez KEDGE, une partie de mes émoluments porte sur mes résultats financiers, une autre sur ma capacité à engager mes collaborateurs. Nous mesurons cet engagement tous les ans grâce à des enquêtes faites auprès des collaborateurs. Et déjà le taux de participation à l'enquête annuelle est en soi un signe d'engagement. Cela peut aussi se mesurer plus quotidiennement ou opérationnellement à travers la propension de nos professeurs à s'impliquer auprès des élèves, à travers leur participation ou celle des collaborateurs aux jurys d'admission, à travers les taux d'ouverture aux communications internes, etc.

Dans cette veine, un critère qui nous semble primordial, c'est le volontariat pour les cellules d'accompagnement auprès des élèves. Nous sommes en train de lancer une initiative au sujet de la transition écologique et il sera intéressant de voir combien de nos collaborateurs y participeront. Au-delà des enquêtes annuelles classiques, c'est donc par le biais de tous ces éléments que l'on mesure l'implication. Et ils sont tout aussi importants.

Ces changements de paradigmes engendrent-ils une autre façon d'aborder la stratégie au sein de l'entreprise ?

ALEXANDRE DE NAVAILLES – C'est certain. Nous avons entamé il y a deux ans un nouveau plan stratégique et nous avons mis un point d'honneur à y associer les collaborateurs. Cent trente d'entre eux y ont participé, et aujourd'hui ils pilotent, en autonomie, ce redéploiement et en sont même le moteur. Des équipes transversales, mêlant professeurs et corps administratif, se sont créées. Tout cela est à mon sens très positif.

Iriez-vous jusqu'à dire que diriger devient de plus en plus complexe ?

ALEXANDRE DE NAVAILLES – Différent sûrement, mais plus compliqué, je ne pense vraiment pas. Cela nécessite simplement de savoir faire montre d'adaptation. Et je pense qu'un dirigeant doit se former toute sa vie. Réflexion stratégique, communication de crise, les attentes des nouvelles générations, la digitalisation à marche forcée... sont autant de thèmes sur lesquels il faut rester en alerte car les compétences deviennent obsolètes assez rapidement. Dans le domaine de la finance, par exemple, si vous ne prenez pas en compte les impacts environnementaux de telles ou telles décisions, vous risquerez rapidement de ne plus être à la page. Je m'ennuierais profondément s'il n'y avait pas cette nouvelle donne, et à tout le moins ce besoin d'évoluer constamment. Je considère cela comme une vraie richesse pour un dirigeant. Même si le changement va plus vite qu'avant et qu'on observe une réelle accélération de ces mouvements.

Le parcours d'études classique tel que nous le connaissons va évoluer

À quoi imputez-vous cette accélération ?

ALEXANDRE DE NAVAILLES – La technologie au sens large est certainement un facteur. La croissance démographique aussi. La globalisation fait que les choses vont beaucoup plus vite et, partant, le besoin aussi. En tout cas, il s'exprime plus vite. Malgré cela, nous instruisons toujours des jeunes en cinq ans !

À l'avenir, je suis convaincu que le temps de formation sera plus long. Le parcours classique que nous connaissons actuellement aura un autre visage. En tout cas, nous y travaillons. Il s'étalera et il est fort probable de ne pas effectuer tout un cursus d'études supérieures en une seule fois mais plutôt avec des allers-retours, des temps de pause, des incursions dans le monde de l'entreprise ou ailleurs.

L'évidence, c'est que les managers doivent constamment se former tout au long de leur carrière, ne serait-ce que pour mieux comprendre l'évolution de la société.

Alors, les frontières entre formation initiale et formation continue tendront à disparaître.

Pensez-vous que les entreprises soient réceptives à cette idée ?

ALEXANDRE DE NAVAILLES – Très. D'autant plus qu'elles expriment le besoin d'avoir des collaborateurs aux compétences toujours plus affûtées. Quoi qu'il en soit, la question est sur la table. De mon côté, je sais que j'aurais adhéré à cette idée si on me l'avait proposée en son temps. Je suis convaincu que la pédagogie expérientielle est autant si ce n'est plus efficace que si c'était 100 % en salle de cours.

Les jeunes y sont disposés, ils sont prêts à se tromper, à bifurquer. L'obsolescence de ce que l'on apprend de nos jours est plus rapide. Les remises à niveau sont donc nécessaires. C'est un fait, un nouveau rythme avec lequel il faudra composer. Bien sûr, les entreprises sont en droit de se demander si elles n'investiront pas à perte dans des salariés qui ne reviendront pas dans leur rang. Mais le fait est qu'elles ont déjà du mal à recruter, donc c'est un risque à prendre.

Intelligence artificielle, réseaux sociaux, ChatGPT… Comment jugez-vous cette évolution et quel impact a-t-elle sur vos étudiants ?

ALEXANDRE DE NAVAILLES – L'IA ne remplacera pas l'homme. Certains métiers disparaîtront à court terme et il faut nous y préparer. Mais d'autres apparaîtront. Nous ne connaissons pas la moitié des métiers de demain. En fait, je n'y vois pas de menaces, juste une évolution de la société.

À nouveau, l'optimiste que je suis y voit plutôt la possibilité de démultiplier ce que l'homme sait faire. ChatGPT, par exemple, me rappelle évidemment Internet à ses débuts. Intelligemment appréhendé et utilisé avec l'aide de professeurs, cet outil décuplera la recherche, l'ouverture d'esprit et la capacité d'analyse des jeunes.

On aura toujours besoin d'un salaire pour mettre un toit sur sa tête…

Justement, la grande démission ou la démission silencieuse sont des concepts fortement médiatisés auxquels il est difficile d'échapper… Que cela vous inspire-t-il ?

ALEXANDRE DE NAVAILLES – Je m'interroge énormément à ce sujet. Certains évoquent des collaborateurs en perte de sens, d'autres une démotivation rampante. Je m'aperçois que nos jeunes, futurs managers et leaders, affichent particulièrement cette quête d'absolu, d'un idéal qui les porterait. L'idée sous-jacente chez eux est qu'il ne s'agit plus d'une question d'argent mais de bien-être au travail. Je lisais récemment un sondage qui stipulait que pour les jeunes la question du salaire n'arrivait qu'en sixième position de leurs motivations : je pense que c'est faux ou qu'ils n'osent probablement pas le dire. Au risque de paraître vieux jeu, je reste convaincu que gagner un salaire est quand même important ! C'est trivial mais, d'une façon ou d'une autre, dans la vie, on a toujours besoin de garnir son compte en banque, ne serait-ce que pour mettre un toit sur sa tête… Gagner sa vie, voire bien la gagner, permet aussi une certaine forme de liberté et de choix. Cela offre des possibilités et permet de mettre de côté certaines préoccupations de la vie quotidienne. Nos étudiants choisissent de suivre des études relativement longues, exigeantes et intenses pour que s'ouvrent à eux des opportunités et des possibilités qu'ils cherchent.

De fait, j'attends de voir quand et si la zone de turbulences que nous traversons – énergétique, inflation, guerre en Ukraine… – s'intensifiera ou perdurera, si quitter son entreprise par quête de bien-être sera toujours d'actualité. Et d'ailleurs, être correctement payé n'a jamais empêché de trouver du sens à son travail.

Quant au *quiet quitting*, ce terme anglais passé dans le langage courant qui désigne le fait d'en faire le moins possible et de rester sous les radars : cela a ses limites. En tout cas, cela va parfaitement à l'encontre des conseils que je peux donner aux jeunes chez KEDGE. Je les encourage, au contraire, à faire plus que ce que l'on attend d'eux, ce petit supplément indispensable, pour pimenter leur carrière professionnelle, d'une part, mais également pour mieux servir l'organisation dans laquelle ils travailleront. Cela a été ma ligne de conduite tout au long de mon parcours et c'est, indéniablement, ce qui m'a permis d'évoluer.

Ne laissez pas les autres décider à votre place

En tant que dirigeant d'une école de commerce, un observatoire privilégié de cette jeunesse donc, vous avez pourtant conscience, mieux que quiconque, de ces attentes réelles ?

ALEXANDRE DE NAVAILLES – Je l'entends et le constate régulièrement, bien sûr, mais cela me rend perplexe. Je remarque que ces jeunes peinent à mettre des mots ou des objectifs précis derrière cette quête de sens. Lorsqu'ils évoquent avec moi leurs désirs de démarrer leur vie professionnelle dans des entreprises qui leur apporteraient du sens, je leur réponds : « Trouvez ce qui vous anime par vous-même ! » J'y vois une forme de passivité qui m'échappe. Il me semble étonnant d'attendre des autres ou de votre employeur qu'ils donnent du sens à votre vie et à votre carrière. Si certains aspirent à quelque chose de différent, plus inspirant, ils se doivent d'être proactifs dans cette quête et prendre leur vie en main. Il n'y a rien de pire que de laisser quiconque décider à votre place.

Les recruteurs font d'ailleurs face à un sujet complexe avec cette génération. Celle-ci « butine » presque dans sa façon d'aborder le marché de l'emploi, a des exigences très précises quant aux conditions de travail. Tout dirigeant vous dira qu'en dépit du fait qu'elle mette la recherche du bien-être en avant, elle négocie les points salariaux de façon très concrète, informée et décomplexée, ce qui est paradoxal. Reste qu'au regard d'éléments macroéconomiques mouvants, tout peut changer. Brutalement même. C'est pourquoi j'insiste en leur disant de ne pas rester atones. Créer une start-up, inciter une entreprise à changer de l'intérieur… le champ des possibles pour agir est protéiforme.

Plus d'impact, de sens, de collectif… l'opinion publique actuelle voudrait que ce soit à l'entreprise de « réenchanter » le travail. Souscrivez-vous à cette idée ?

ALEXANDRE DE NAVAILLES – L'entreprise doit avoir un idéal, ou à tout le moins un cap clair, mais, encore une fois, je ne suis pas certain qu'elle doive définir le sens de la vie des salariés. Ce serait les enfermer, les jeunes en particulier, dans une forme d'apathie. C'est absurde.

Je comprends qu'ils ne se contentent plus d'un message qui énonce qu'on va remplacer les gobelets en plastique. Il faut susciter un désir d'entreprise avant tout, une envie d'aventure commune autour d'une marque, d'un service ou d'un projet. Pour donner un vrai sens à sa vie professionnelle, l'entrepreneuriat est une voie royale mais ce n'est pas forcément donné à tout le monde. À preuve, 50 % de nos étudiants lorsqu'ils intègrent l'école disent vouloir créer leur société. La réalité, c'est qu'ils ne sont que

5 % à le faire. Voilà pourquoi faire aimer et comprendre le monde des affaires est important. C'est par l'innovation, de nouvelles industries, une vision disruptive que nous parviendrons à susciter chez les jeunes cette appétence pour l'entreprise et le travail en commun. Qui plus est, je m'efforce, avec mes équipes, de leur montrer que c'est un lieu d'épanouissement.

Après la longue succession de chocs subis – attentats, covid, grèves, guerre, inflation… –, sociologues et experts évoquent une grosse fatigue de la population à l'encontre du monde du travail, voire une perte du sens de l'effort. Partagez-vous cette analyse ?

ALEXANDRE DE NAVAILLES – Je serais malvenu de souscrire à cette idée lorsque je vois la somme de travail que sont capables de fournir mes collaborateurs. Je parlerais plutôt d'une quête du juste effort, d'un équilibre entre vie professionnelle et vie personnelle. Et donc on en revient à la question du sens : cela est possible si le salarié a conscience de son utilité. À l'heure du télétravail généralisé, je ne constate d'ailleurs absolument pas de baisse de productivité, au contraire. L'enchâssement de crises a demandé aux Français un surcroît d'énergie physique et psychique, voilà pourquoi ce qui est plébiscité, ce sont les liens humains. La valeur travail n'a pas disparu pour moi, elle a simplement évolué. On peut produire mieux en faisant moins, tout est question d'efficacité et c'est précisément au manager de trouver ces outils de performance et de motivation collectives. Plusieurs entreprises ont mis en place la semaine de quatre jours. Je reste curieux de voir comment cela évoluera, je pense que nous n'avons pas assez de recul. La plus large étude réalisée sur le sujet a été menée en Angleterre il y a quelques mois. Les employés des 61 entreprises tests ont perçu 100 % de leur salaire pour 80 % de leur temps de travail en assurant 100 % de leurs tâches. Les résultats sont intéressants puisque l'on a relevé une baisse de 71 % des facteurs de burn-out, de 65 % des arrêts maladie et de 57 % des risques de démission. Conséquence : 92 % disent vouloir continuer ! Taux de stress en berne, moral en hausse, les salariés sont encore plus efficaces. Reste à voir et à analyser les impacts sur les résultats de l'entreprise sur le long terme. Tout est question d'équilibre.

Cette jeunesse est courageuse

Certains avancent l'idée que les 18-35 ans sont les plus désenchantés au regard de leurs perspectives professionnelles. Qu'en pensez-vous ?

ALEXANDRE DE NAVAILLES – Je la trouve courageuse, moi, cette jeunesse ! Le monde dans lequel on vit aujourd'hui est ô combien anxiogène : on parle d'effondrement, de cataclysme climatique, de guerres, et le traitement de l'information n'aide pas, par-dessus le marché. Pourtant, elle résiste face à ça. Je constate, *a contrario*, qu'elle a de l'ambition et veut croire qu'elle peut changer les choses, voire désire sincèrement participer à cette mutation sociétale. Il me semble que nous étions un peu plus attentistes à mon époque, plus enclins à rester dans un moule. En cela, j'applaudis les jeunes. À charge pour eux de se donner les moyens d'être les artisans de ce nouveau monde.

Comment, en tant que dirigeant d'une école de management, les accompagnez-vous dans ce contexte ?

ALEXANDRE DE NAVAILLES – Précisément en les amenant à comprendre qu'ils doivent se prendre en main et qu'ils ont un rôle à jouer dans la société demain. C'est maintenant qu'il faut les y préparer. J'aimerais les aider à prendre leurs responsabilités.

Probablement car ces années d'études sont encore un sas d'insouciance, mais je les crois plus optimistes qu'anxieux et, en règle générale, assez heureux. Ils sont dynamiques et très créatifs.

Et me sollicitent régulièrement pour partager des projets d'entrepreneuriat. Mon rôle est de rester ouvert, d'écouter et de ne surtout pas les décourager d'entrée de jeu.

Comment cette jeunesse que vous côtoyez quotidiennement vous perçoit-elle ?

ALEXANDRE DE NAVAILLES – J'espère comme quelqu'un d'accessible, disponible et à l'écoute ! Je suis probablement un peu différent et à part dans le monde des écoles de commerce, car je n'ai pas un parcours académique. Mais je considère cela comme étant positif car, dirigeant une école de management, je peux faire valoir une carrière dans ce sens. J'ai une vision un peu différente. *In fine*, peu importe d'ailleurs, ce qui compte, c'est que j'ai une formidable mission.

La difficulté, c'est que certains vont et viennent au gré de leurs stages ou de leurs séjours à l'étranger. Une chose est sûre, c'est que je ne peux pas avoir la même relation avec eux qu'avec mes collaborateurs. J'ai été étudiant comme eux, j'ai eu une carrière et je leur prodigue volontiers des conseils. En cela, je leur apporte sans doute quelque chose de singulier par rapport à un dirigeant d'école qui aurait un parcours purement académique dans l'expérience de l'entreprise.

Je cherche à ce que l'école brille, à ce qu'elle soit attractive et forme de futurs patrons que l'on remarque. Je suis avant tout au service de l'école et je ne cherche pas à me mettre en avant. J'ai une responsabilité sociétale et j'ai une responsabilité pour incarner l'école.

La France doit renforcer son tissu de start-up

Dans quel but encouragez-vous la création d'entreprise ?

ALEXANDRE DE NAVAILLES – L'entrepreneuriat est formidable pour les futurs managers qu'ils deviendront. Je souligne, à cet effet, que nous n'avons jamais eu autant de jeunes formés à la création d'entreprises qu'en ce moment en France. Nul doute que cela portera ses fruits. Je suis d'ailleurs très admiratif de leur capacité à se lancer, à ne pas appréhender la solitude ni l'échec. Nous les accompagnons pour réfléchir à des solutions juridiques et financières, ou les aider à faire un business plan. À titre personnel, j'avoue que cela me demande de sortir de ma zone de confort, car je n'ai pas particulièrement l'âme entrepreneuse ! Mais à KEDGE nous avons une équipe pédagogique formidable qui sait magnifiquement conforter nos étudiants sur cette voie. Nous avons développé différents parcours et outils autour de la création de projets comme les « projets actions » pour élaborer un produit, un service, ou tout simplement servir une cause. Comme nous les incitons aussi à intégrer le tissu associatif. Tout cela constitue une excellente façon d'apprendre à se connaître, de développer d'autres compétences, de tester ses limites, peu importe si les idées se matérialisent ou pas.

Et puis, de façon plus holistique, la France a besoin d'un tissu de start-up dynamiques et innovantes. C'est notre rôle de donner à nos étudiants les moyens académiques pour prendre part à ce mouvement vertueux. C'est pourquoi nous avons trois incubateurs au sein de l'école – qui préincubent, incubent et accompagnent l'amorçage. Cette année, nous accompagnons plus de 300 projets, contre 220 l'année dernière.

Avez-vous décelé des idées prometteuses ?

ALEXANDRE DE NAVAILLES – Plusieurs même et c'est très enthousiasmant ! L'un de nos élèves a développé une technologie d'irrigation particulièrement intéressante, un autre a créé un « Booking » du lancement de satellites, à savoir qu'il fait correspondre l'offre existante avec tous ceux qui ont besoin de lancer des satellites. Le fait que nous ne soyons pas une école d'ingénieurs ne les empêche pas de se lancer dans des projets technologiques. Je trouve cela absolument formidable.

On dit souvent que cette génération aura des métiers qui n'existent pas encore, ils me le prouvent tous les jours. Il y a vingt ans, par exemple, qui pensait devenir *data analyst* ? Une chose dont je suis certain, c'est que, face à la complexité de ce monde, ils trouveront les solutions. Et le fait est que, depuis 2014, les fondateurs de start-up incubées chez nous ont levé plus de 125 millions d'euros. Nous continuerons à mettre l'emphase sur cet accompagnement en ayant pour objectif de développer encore plus de projets.

Faites-vous cela en corrélation avec les décideurs politiques ?

ALEXANDRE DE NAVAILLES – Oui, c'est d'autant plus important qu'une grande école de management est un outil d'attractivité du territoire. Nous sommes une école des régions avec nos différents campus et avons, de fait, une responsabilité pour redynamiser le tissu économique local. Je crois fondamentalement à la vitalité et au potentiel qui existent dans d'autres territoires et villes moyennes. Ne soyons surtout pas trop parisiens !

Cette génération est, en outre, beaucoup plus mobile. Le fait est que près de 20 % de nos étudiants se fixent entre Bordeaux et Marseille, 25 % partent à l'étranger. Certains repassent par Paris avant de s'installer en province, pour laquelle l'on remarque une appétence plus prononcée désormais. Il y a une réalité derrière cela : la vie y est moins chère, plus douce et les transports permettent, le cas échéant, de venir à Paris très facilement.

Travailler de concert avec la classe politique est important aussi pour promouvoir l'enseignement à la française. C'est à l'évidence un outil de *soft power* et de rayonnement culturel. KEDGE propose des parcours d'excellence. Ce qui nous a conduits, entre autres, à signer des partenariats avec des universités prestigieuses en Chine. Par exemple avec la Central Academy of Fine Arts (CAFA) à Pékin, une importante école d'art équivalente à nos Beaux-Arts français. L'influence française y est très prégnante. C'est donc tout naturellement que leurs étudiants viennent parfaire leur éducation chez nous en management des arts et des industries créatives. Cette renommée n'est pas circonscrite au seul secteur culturel d'ailleurs. Les enseignements, la recherche et la pédagogie à la française incarnent une forme de label de qualité qui allie compétences, ambition et savoir-faire.

Le management à la française s'exporte donc bien ?

ALEXANDRE DE NAVAILLES – Tout à fait. À preuve, 25 % de nos étudiants sont des internationaux et 100 % de nos élèves partent à l'étranger à un moment donné de leur parcours. Nous sommes attentifs aux classements et arrivons en trente-septième position des écoles européennes de celui du *Financial Times*. Notre ambition est de gagner encore plus de places bien sûr, mais ce que je remarque, c'est que sur 100 écoles de management dans ce palmarès, 25 sont françaises. Le deuxième pays, c'est la Grande-Bretagne avec seulement 8 établissements. Nous en avons trois fois plus ! Alors, oui, c'est une réalité : il existe une excellence des écoles de management à la française, avec une diversité de parcours puisque nous proposons aussi bien des bachelors ou le modèle des classes préparatoires, spécifique à l'Hexagone. Le corps professoral français est de très grande qualité et l'ouverture vers l'international plus marquée.

Maintenir ce niveau nous demande de ne pas camper sur nos certitudes et de nous remettre en question régulièrement. Pour que ces compétences soient toujours affûtées, les enseignants et le personnel encadrant décuplent leurs efforts, notamment en matière de recherche. J'attends de nos 200 professeurs qu'ils soient à la pointe dans leurs domaines d'expertise et cela passe aussi par un approfondissement continu et une évolution permanente des méthodes pédagogiques. Ce que nous enseignons aujourd'hui à nos jeunes est très différent de ce que j'ai appris à mon époque et repose sur un modèle plus « descendant ». Aujourd'hui, nous proposons des *business games* ou *serious games* – une méthode d'apprentissage qui immerge les étudiants dans une situation réelle. Nous avons 300 entreprises partenaires, lesquelles sont confrontées à des problématiques organisationnelles, opérationnelles ou stratégiques. À charge pour nos étudiants d'y travailler ensemble puis de présenter leurs solutions. C'est très innovant, à l'image de missions de *consulting*. D'ailleurs, certaines de ces entreprises nous font souvent savoir que ce que proposent nos étudiants comme réponse à leurs problématiques est souvent plus pertinent qu'une étude produite par tel ou tel cabinet de conseil. Ce type de retour valide notre modèle d'éducation, notre pédagogie par l'expérience, et nous pousse à être en perpétuel chemin. Dans cette optique, nous tenons à « hybrider » les savoirs, c'est-à-dire marier différentes disciplines : management et ingénierie ; sciences et écologie, etc. Cette immersion, avec des approches différentes du business, est féconde.

ÉCLAIRAGE

Les conférences *Thinking out Loud*

Pour être le plus impactant possible dans la transmission des connaissances et des compétences, KEDGE organise depuis la rentrée 2022 des conférences *Thinking out Loud* auxquelles participent des personnalités reconnues pour leur réflexion originale et prospective. Ensemble, les étudiants sont invités à **développer leur esprit critique et leur pensée disruptive** en entamant des conversations avec les experts sur des grands enjeux de société (l'urgence climatique, l'audio, l'ère digitale, la neutralité carbone…) :

- « Vers un monde zéro carbone, zéro exclusion, zéro pauvreté » avec l'ONG ACTED ;
- « Tous centaures » avec la philosophe Gabrielle Halpern pour évoquer l'hybridation de la société et du monde du travail ;
- « Agir face au défi écologique et réveil écologique : la force de l'action collective ».

Hybrider les savoirs

Précisément, quels sont les champs d'application de cette recherche que vous mettez en valeur ?

ALEXANDRE DE NAVAILLES – J'insiste sur ce point, car elle mobilise un temps très long, incluant l'investigation, la rédaction, puis la revue par les pairs. Elle alimente, certes, l'érudition autour d'une thématique, mais nous permet aussi d'avoir la reconnaissance du monde académique global. Nous avons la chance d'avoir dans nos rangs, notamment, les plus grands experts par exemple en matière de logistique ou de *supply chain* maritime. C'est une expertise qui assoit la renommée de KEDGE, assurément, mais qui est aussi valorisée par les entreprises. Celles-ci ont des besoins en prospective et nous sollicitent pour y réfléchir, trouver des solutions et, plus tard, deviendront nos partenaires, si ce n'est pas déjà le cas, et embaucheront nos étudiants dans le futur. Nous avons ainsi une assise avérée mondialement sur le management des achats innovants, sur le marketing tribal ou le marketing sensoriel, sur la finance durable, pour ne citer que quelques-unes de nos expertises. Les groupes le savent et viennent piocher dans notre vivier. Sans oublier la portée sociétale de ces travaux : développement durable, inclusivité ou encore la finance verte pour ne citer que ces champs de recherche là. Tous résonnent auprès du public, bien au-delà du cadre *stricto sensu* de l'école.

L'environnement n'est pas une variable d'ajustement

Vous avez pris un virage résolument orienté vers le management teinté de développement durable. Pourquoi ?

ALEXANDRE DE NAVAILLES – Dès 2016, et pionniers à l'époque, nous avons par exemple créé le premier master entièrement dévolu à la finance responsable en France et en Europe. Nous avons alors été taxés d'utopisme mais force est de constater que le temps nous a donné raison et que nous avons essaimé. Dans notre cas, il ne s'agit pas d'un argument marketing. Nous avons profondément bousculé nos programmes pour y intégrer la durabilité comme raison d'être et non comme une variable d'ajustement d'une décision financière.

Depuis lors, nous avons privilégié une approche holistique et délibérément internationale sur ce sujet.

Notre centre de recherche, lequel compte une trentaine de professeurs-chercheurs internationaux dédiés, constitue une véritable puissance de feu. L'application directe avec le management est un prérequis et nous approfondissons un spectre assez large. Il s'étend de la *supply chain*, aux achats ou consommations responsables, aux sujets de macroéconomie « verte », ou toujours à la finance que nous regardons avec ce prisme différent et que nous appelons la « *finance reconsidered* ». L'objet de notre « futurologie » se prolonge également vers des thèmes plus sociétaux ou des modèles d'entrepreneuriat durable. Tout cela est à mon sens très riche.

Former des agitateurs raisonnés

Ce parti pris académique vous positionne-t-il comme un interlocuteur spécifique dans le débat public ?

ALEXANDRE DE NAVAILLES – Cela nous positionne dans la mesure où nous avons des professeurs qui interviennent régulièrement dans les débats publics. Quant à nos élèves, c'est une condition *sine qua non* pour eux. Non seulement ils sont lucides quant aux enjeux environnementaux avec une acuité admirable, mais veulent en devenir les acteurs le plus vite possible. J'ai beaucoup de plaisir et de fierté à les voir réfléchir et développer de nouvelles compétences sur ces sujets. Nous avons dépassé l'étape de la seule prise de conscience et de l'information. Pour eux, ces défis ne sont pas vécus comme une contrainte ou une anxiété, comme c'est souvent le cas, mais comme un défi qu'il faut relever. Ils savent qu'il est encore temps, si ce n'est d'inverser la tendance du réchauffement climatique, au moins de la stopper, c'est pourquoi ils nous demandent maintenant de les former à devenir des managers qui, demain, seront capables de contredire le CFO d'une entreprise parce que le profit généré par un projet « x » sera moins important que son impact environnemental.

Nous cherchons à façonner des contradicteurs, des agents provocateurs. Lesquels ne seront pas là que pour être des objecteurs de conscience, mais parfaitement outillés pour manœuvrer autrement dans l'entreprise, où je m'étonne de voir que trop de décisions sont encore prises sur la base de paramètres strictement financiers. Je souhaite qu'ils deviennent des agitateurs, trouvant le juste équilibre entre l'environnement et les besoins fondamentaux d'une société. Changer le monde, ça s'apprend. Cela fait partie de notre responsabilité de les accompagner sur cette voie.

Pourtant les entreprises ont toutes, peu ou prou, intégré désormais la RSE dans leur stratégie.

ALEXANDRE DE NAVAILLES – Ce n'est pas encore suffisant. Ces diplômés surveillent de près le décalage entre discours et pratiques. Chacun en pense ce qu'il veut, mais les dénonciations récentes d'étudiants de grandes écoles à l'encontre de groupes qui, selon eux, refusent sciemment de ne pas tenir compte des recommandations du Giec traduisent bien des exigences de plus en plus pressantes. Demain, les entreprises peineront à attirer des talents et à se financer si elles ne tiennent pas compte de ces critères : mobilité durable, empreinte carbone, production propre, inclusion…

Il existe d'ailleurs un marqueur assez clair à ce sujet, c'est la place qu'allouent les chefs d'entreprise à la RSE au sein de leur société. Est-elle en ligne directe avec le dirigeant ? Ou un peu cachée derrière la direction de la communication ou les ressources humaines ? Si on veut vraiment infuser au sein d'une organisation toute la dimension de ce sujet, il est, à mon sens, indispensable que ce service soit au plus près de la direction. Et pour commencer, répondre aux grands enjeux des transitions durables et inclusives ne doit pas être vécu comme une contrainte, car, à la première difficulté, l'environnement et le social servent de variable d'ajustement pour adapter des budgets. Les patrons doivent incarner sincèrement ce message.

Est-ce à dire que les métiers de la banque, de la finance, de l'audit ou du conseil n'attirent plus ?

ALEXANDRE DE NAVAILLES – Nous aurions pu imaginer une forme de désaffection envers ces métiers, en effet, mais, aussi paradoxal soit-il, ce n'est pas le cas. Ils restent très formateurs, une telle expérience se « revend » bien et c'est un fait, les salaires y sont nettement plus élevés. Leur rythme peut y être harassant, la pression constante, le seul acte qui pourrait s'apparenter à de la résistance serait de démissionner, pourtant ils sont encore nombreux à faire le choix de ces secteurs.

Ne pas travailler dans le confort

Votre long parcours à l'international a-t-il changé votre façon d'appréhender la conduite des affaires et quelles ont été vos sources d'inspiration ?

ALEXANDRE DE NAVAILLES – Très honnêtement, je ne suis à la recherche ni d'inspiration, ni de modèle. L'on n'a pas nécessairement besoin, lorsqu'on dirige, d'avoir des modèles. En revanche, je fonctionne à l'intuition. Je dirais donc que j'évolue dans un management de situation, lequel nécessite de s'adapter. J'ai plus été marqué par des situations professionnelles du passé ou par des patrons qui m'ont inspiré. Notamment l'un d'eux qui était d'une redoutable efficacité, avec un management très direct, il ne tergiversait pas. Cela m'a appris à trancher et accepter de me tromper.

Et à douter aussi ! Si je ne doutais pas, j'assumerais moins bien mes fonctions puisque rien n'est jamais ni simple ni acquis, ces dernières années nous l'ont confirmé. Tout cela permet de rester en alerte, à condition de bien s'entourer et de partager ses interrogations. Il y a une phrase de l'actrice Valeria Bruni-Tedeschi qui m'a marqué : « L'idée d'être déstabilisé dans un travail m'est restée, je pense que si le travail ne vous déstabilise pas d'une façon ou d'une autre alors il y a quelque chose qui ne va pas. On ne travaille pas nécessairement dans le confort. » J'aime cette idée de ne pas travailler dans le confort. Et je trouve intéressant que cela émane d'une actrice.

Mon style s'est forgé au fil de mes expériences et c'est, je pense, la raison pour laquelle mes collaborateurs voient en moi quelqu'un d'entier. Je scie légèrement la branche sur laquelle je suis assis mais on n'apprend pas grand-chose du management durant ses études ! Tout cela se peaufine au gré de ses expériences et des rencontres professionnelles. Aussi, nous encourageons nos étudiants à mener des équipes le plus tôt possible, au sein d'associations notamment.

Le doute a beau faire partie intégrante de la vie du dirigeant, le modèle anglo-saxon dans lequel j'ai évolué de longues années m'a appris à ne pas revenir sur un plan d'actions lorsqu'il est décidé. Le fait est que je ne supporte pas que l'on remette une pièce dans le juke-box, pour parler familièrement : on a choisi un disque, on ne l'arrête pas au milieu ! Or, il s'agit d'un terrible travers des organisations françaises. Évidemment, il faut savoir reconnaître son ou ses erreurs, les corriger si besoin est, mais tout remettre en question perpétuellement, avec des « si », est aussi épuisant qu'inefficace. Aussi j'aime le flegme britannique qui laisse présager d'une meilleure résistance au stress et m'a enseigné l'art de voir des opportunités là où des Français verraient plutôt un problème.

Je suis de nature optimiste et il me semble que rien n'est insurmontable, convaincu que je suis que c'est souvent lorsque l'on fait face à des crises que des solutions émergent. D'ailleurs, je suis confiant dans le fait que nous trouverons des solutions pour remédier à la crise climatique. Même si la râlerie est une caractéristique très française, non seulement les choses se font, mais celle-ci peut être désamorcée par l'humour et par les faits. Par exemple, en temps de restrictions budgétaires, j'ai toujours dit à mes interlocuteurs : « Je ne vous enjoins pas d'amputer votre budget de 5 % ou de vous serrer la ceinture. Je vous demande de dépenser 950 au lieu de 1 000. » Trivial, mais cela s'appelle « voir le verre à moitié plein ou à 95 % plein » !

La transmission est un thème récurrent dans vos propos. Quelle acception en avez-vous ?

ALEXANDRE DE NAVAILLES – Notre rôle premier, pour le directeur d'école que je suis et pour l'ensemble du corps professoral, c'est évidemment de transmettre aux générations qui vont nous suivre un savoir, des connaissances, des compétences et une façon de voir le monde à même de structurer les entreprises ou organisations de demain. S'il y a une rupture dans cette transmission, comment ferait la génération suivante ?

En adoptant le *Grow by Doing*, ce nouvel outil pédagogique, nous enrichissons leur esprit et leur parcours à travers des actions concrètes. Ce faisant, nous maximisons leur employabilité. L'idée est d'éviter la posture du « dire » ou les effets d'annonces vides et de former plutôt de véritables acteurs de la transformation, dotés d'un esprit critique : ces agitateurs dont je parlais précédemment. Hybrider les compétences est un élément central également pour engager des élèves à penser et agir différemment. Ainsi, on va mélanger des cours dits « à impact » sur diverses thématiques, des moments expérientiels, mener à bon port des projets tangibles, le tout mâtiné d'humanitaire en partenariat par exemple avec l'ONG ACTED.

L'enjeu de la culture générale

Que voudriez-vous voir évoluer en matière d'enseignement entre le lycée et le moment où vous accueillez les élèves en école de management ?

ALEXANDRE DE NAVAILLES – Il y a un réel questionnement autour des mathématiques, qui heureusement réintègrent les programmes. C'est un socle non négociable, à mon avis, à donner aux enfants. Les mathématiques forgent le raisonnement, permettent d'apprendre la logique et la résolution de problèmes. Il y a aussi un énorme enjeu de culture générale, même d'expression orale ou écrite. Je m'attriste de voir le niveau chez certains candidats. Et c'est ce qui me laisse à penser qu'il existe des fondamentaux dans lesquels il faut réinvestir. Tout comme il est de notre devoir d'éveiller la curiosité, d'aiguiser le sens critique et donc de ne pas se limiter à ce que l'on pourrait imaginer être les matières uniquement liées au management, comme la comptabilité, la finance ou les ressources humaines. On essaye d'éveiller les jeunes à une autre forme de culture générale. Cela passe par des conférences, des immersions. Ainsi nous avons mis en place un cours sur « Penser 2050 » pour inciter les élèves à réfléchir à comment sera ce monde et quel pourrait être leur input en tant que dirigeants.

Nous en créons un autre sur le « *Darkside* du management », c'est-à-dire tout ce que l'on n'apprend pas dans une école de commerce sur le management d'une entreprise.

On parle toujours de l'excellence des prépas, ces deux ou trois ans donnent à ces jeunes une puissance de travail phénoménale, une rapidité de réflexion, ce fameux sens critique dont je parlais précédemment, une vraie culture générale solide qui en font de redoutables managers pour demain. Et puis il y a des choses qui ne s'apprennent pas forcément à l'école ou à l'université, et qui sont pourtant fondamentales : comment se comporter dans une réunion lorsque le conseil d'administration d'une entreprise américaine, par exemple, vient vous rendre visite dans sa filiale française ? Cela ne fait pas partie du cursus académique à proprement parler et pourtant nous préparons aussi nos étudiants à ce type d'éventualités. L'interculturalité, dans un monde multiple et ouvert, est nécessaire.

Gloria D'Almeida

**Boxeuse en équipe de France
et conseillère chez LCL**

« La réussite au bout du gant : un exemple de volonté »

« Une fille ça ne devient pas *Mike Tyson.* » Voilà comment ma mère a accueilli mon désir de rejoindre ce club de boxe que je regardais, intriguée, tous les soirs, sur le parvis de Dame Blanche Nord, depuis la fenêtre de ma chambre.

Cette salle jouait comme un aimant. Je voyais des gens entrer et sortir, de la lumière et, sans savoir ce que c'était, j'en ai franchi le seuil un jour. L'entraîneur de ce qui était en fait le Boxing Club de Garges-lès-Gonesse, devenu le meilleur de France chez les filles, m'a d'abord dit… de revenir.

Mais je ne suis pas de celles qui lâchent *le steak* ! comme on dit dans ma cité. Alors, j'ai laissé passer un peu de temps, et têtue, j'ai à nouveau frappé à sa porte. J'avais 14 ans et c'est à ce moment que j'ai véritablement commencé à m'entraîner, deux fois par semaine. D'abord dans l'indifférence. Puis il m'a enfin remarquée et les choses se sont enchaînées rapidement puisque deux mois après j'ai été détectée par l'entraîneur de l'équipe de France lors de mon premier combat. Six mois plus tard, à la faveur de ma victoire sur la championne de France de l'époque chez les moins de 48 kilos, j'ai officiellement gagné ma place en équipe nationale. Car quand j'ai un objectif en tête, rien, absolument rien, ne peut m'en dévier : c'est une constante dans ma vie.

D'où ça vient ? Je n'ai pas la réponse exacte si ce n'est que je me suis construite dans l'adversité. Je ne suis arrivée en France pour retrouver mes parents qui y vivaient déjà qu'à l'âge de 4 ans, puis j'ai commencé à faire l'objet de harcèlement en primaire, en sixième. Mon père nous avait quittés et j'ai alors endossé, instinctivement, de plus en plus de responsabilités pour soulager ma mère, en m'occupant de mes petites sœurs jumelles et des tâches ménagères.

Ma mère travaillait vraiment dur dans son salon de coiffure, il nous est même arrivé d'économiser sur nos repas en se contentant de pâtes, de frites ou de pain avec de la mayonnaise pour pouvoir rentrer au Togo tous les deux ans, mais ce n'est pas un mauvais souvenir puisque je voulais avant tout lui faciliter la vie. C'est aussi pour cette raison que j'ai évité d'évoquer mes problèmes à l'école.

Reste qu'en arrivant au collège, une colère sourde m'a envahie, je ne voulais plus être considérée comme une boloss et j'ai commencé à me bagarrer. Dans ce contexte, la boxe pratiquée comme sport de haut niveau m'a apaisée, appris à gérer ces émotions tumultueuses qui me traversaient, et je considère que c'est à ce moment qu'a réellement commencé mon enfance.

Mon entraîneur est devenu une figure tutélaire pour moi, quelque part entre un père de substitution et un grand frère. Il aidait ma mère, la conseillait, m'offrait des baskets, m'emmenait au *McDo* ou au cinéma : autant de choses qui m'étaient totalement étrangères jusqu'alors.

Dès lors, bien entourée de ces garde-fous, j'ai pu utiliser mes traits de caractère tels que la détermination ou l'engagement au service de mon sport. Parce que j'ai toujours su que la boxe serait ma voie royale pour sortir du Val-d'Oise. Régimes, entraînements ou études, j'étais tellement *matrixée* que j'ai tout donné pour gagner la place qui est la mienne aujourd'hui. J'ai même ignoré la douleur des blessures, celle des opérations à répétition, et rattrapé trois ans en trois mois pour obtenir mon bac professionnel GA (gestion-administration). Après avoir demandé le programme aux autres élèves, je me suis fait mon propre calendrier de révision entre deux combats : cours sur YouTube, fiches, statistiques... Je n'ai rien lâché et ça a payé.

Une fois devenue française en 2017 – bien que membre de l'équipe de France, l'obtention de ma nationalité a été un parcours du combattant, sans jeu de mots puisque je ne pouvais participer à des rencontres que dans l'espace Schengen –, plus rien ne devait se mettre en travers de ma route vers les Jeux olympiques de Paris en 2024.

Mais en dépit de cette trajectoire ascendante et de ma volonté, je sais aussi malheureusement qu'aucun sportif n'est à l'abri d'un ligament déchiré ou d'une épaule luxée. Même si lors de mes études à l'Insep j'ai regretté d'avoir été insuffisamment formée sur *l'après-sport*, j'ai toujours su que je ne devrais rater aucune opportunité pour évoluer.

LCL – et l'Apels (Agence pour l'éducation par le sport), partenaire de la banque – constitue ce coup de pouce du destin.

Venue ouvrir un compte en banque, c'est en expliquant à ma conseillère que j'étais une sportive de haut niveau que celle-ci, trouvant mon parcours impressionnant, m'a tendu la main la première. Elle m'a invitée quelque temps plus tard à un cocktail de l'agence. Pour la petite histoire, sortant d'une période de régime intense pour rester dans ma catégorie avant un combat, j'ai d'abord surtout été attirée… par le buffet !

Là un homme m'aborde et, très candide, je lui ai alors raconté mon parcours – la bouche pleine et probablement en le tutoyant ! – sans savoir que je m'adressais au directeur régional de la banque. « Votre profil m'intéresse, m'a-t-il alors dit. Que vous cherchiez un stage, un CDD ou un CDI, contactez-moi. »

Je n'avais jamais travaillé, pas même effectué un stage dans un fast-food pour gagner de l'argent, mais cette personne m'a témoigné de la confiance, me faisant comprendre que mes qualités d'athlète, même sans grandes études, suffisaient à m'accorder une place dans le monde professionnel. Symptomatique de l'inclusion par le sport. J'ai choisi de me réveiller et de me créer un avenir.

Peu importe la sensation de me trouver au milieu d'un océan, j'ai su que je devais me laisser emporter. Apprendre à m'habiller, à me tenir, perdre mon intonation de banlieue, passer des entretiens fictifs, refaire mon CV... l'Apels m'a accompagnée sur le chemin. Mieux. L'agence m'a ouvert les portes d'un monde que je pensais non seulement inatteignable mais inenvisageable. Beaucoup de jeunes avec lesquels j'ai grandi n'ont jamais visité Paris, pourtant distant de trente kilomètres. Alors le monde de l'entreprise, prestigieuse qui plus est ? Parfaitement inconcevable.

Pourtant, après une série d'entretiens concluants, j'ai été embauchée en janvier 2020 comme conseillère d'accueil avec la possibilité de poursuivre mes entraînements. Rarement je n'ai autant éprouvé le sentiment d'être à ma place. Mes compétences acquises sur le ring, à commencer par l'esquive, m'ont permis de vouloir toujours bien faire avec mes interlocuteurs et me dépasser.

Trois ans plus tard, en dépit d'horaires à grande amplitude puisque je démarre à 8 h 45 et termine mes journées vers 22 heures, après mes séances de boxe, je mesure la chance qui est la mienne. Avant, l'idée même d'apprendre le métier de la banque, d'en vivre, de changer d'environnement sociologique tout en poursuivant la compétition internationale était tout simplement de l'ordre de la chimère dans mon esprit.

Curieuse et adaptable, je m'aperçois aujourd'hui que j'aime profondément me sentir utile auprès de la clientèle.

Je n'ai d'ailleurs jamais senti une seule de mes journées passer. Aujourd'hui, et parce que je n'ai jamais caché mon ambition, je souhaite évoluer, pour devenir conseillère bancaire auprès des particuliers ou me reconvertir dans un autre domaine d'activité au sein de l'entreprise. À plus longue échéance, après avoir suivi d'autres formations, j'envisage de poursuivre cette carrière dans la banque, voire de me lancer dans l'aventure entrepreneuriale. Qui aurait pu croire que je dirais une telle chose un jour, moi qui suis vraiment partie de rien ?

J'ai compris grâce à mon parcours, dans le sport comme chez LCL, qu'en réalité il n'existe de plafond de verre que dans les fausses croyances. Je veux ouvrir la voie pour mes petites sœurs, pour aider ma mère à entreprendre même à son âge et se dire que tout est possible ici ou au pays, pour mes copines de Garges-lès-Gonesse.

Rien ne nous oblige à rester dans le pré carré qui nous a été attribué à la naissance.

La boxe m'a tout appris : le courage, la discipline, la persévérance, le respect, la stratégie. C'est elle qui m'a également permis de devenir cette jeune femme ambitieuse de 23 ans qui, en toute transparence, sait ce qu'elle veut et mettra tout en œuvre pour y parvenir.

Blessure oblige, je devrais peut-être renoncer aux Jeux olympiques de Paris en 2024. Je continue d'y croire néanmoins, comme en ceux de Los Angeles en 2028, avec la même détermination. J'accepterai mon destin. Malgré la déception éventuelle, je me concentrerai alors sur les championnats d'Europe et du monde en 2024.

Comme je ne cesserai pas d'être une source de motivation pour les générations qui me suivent, particulièrement celles issues de milieux dits « défavorisés », pour montrer que tout, vraiment tout, est possible avec de la volonté.

TABLE DES MATIÈRES

PRÉAMBULE 11

PRÉFACE

Élisabeth Moreno :
« Un leader doit être "un marchand d'espérance" » 15

PREMIÈRE PARTIE

Michel Mathieu : *« Le dirigeant doit avant tout donner du sens »*
Lutter contre cette société de la défiance 26
L'écoute est une arme de construction massive......... 28
Le client est notre ultime priorité.............................. 30
Accélération du temps 34
Ne pas s'enfermer dans les certitudes du passé 36

Alexandre de Navailles : *« Être toujours en alerte »*
De l'importance de s'appuyer sur ses équipes 43
Les diplômes comptent moins que la puissance de travail 44
Privilégier l'humain 47
Une volonté de transmettre 49

DEUXIÈME PARTIE

Entretien croisé
Michel Mathieu et Alexandre de Navailles :
« Saisissez toutes les marges de manœuvre qu'un dirigeant vous octroie ! »
Le travail reste une valeur essentielle........................... 54
Continuer à se former est une formidable opportunité d'évoluer 57

Éviter les raisons d'être qui sonnent creux ! 60
La finalité d'une entreprise, c'est d'abord d'être utile..... 64
Préparons la prochaine génération aux défis qui l'attendent..... 66
Encourager l'audace..... 69
Devenir une « baïonnette intelligente »..... 74
La proximité avec ses équipes est une condition *sine qua non* pour un dirigeant..... 76
L'extrafinancier dans l'entreprise constitue un véritable ciment..... 81
L'assignation à vie dans une classe sociale n'est pas une fatalité..... 86
La formation doit jouer un rôle dans l'accompagnement et la reconversion..... 90
Utiliser les quotas comme un starter..... 93

TROISIÈME PARTIE

Michel Mathieu : *« Diriger, c'est révéler le potentiel de chacun »*

Classe politique et dirigeants poursuivent des objectifs différents..... 101
Faire société est crucial..... 105
La bienveillance, oui, mais pas le nivellement par le bas..... 110
Le consensus mou est à fuir..... 112
Être au sommet de la hiérarchie nous oblige avant tout..... 113
Toute entreprise a un narratif qui lie les salariés..... 116
L'organisation a besoin d'une colonne vertébrale..... 120
Mener des actions congruentes avec ce qui est annoncé..... 122

Après l'homme, il y a encore l'homme........................ 126
Partager sur les réseaux sociaux
au moment opportun.. 131
Ne laissons pas la violence devenir un mode
d'expression récurrent... 133

Alexandre de Navailles :
« Éduquer des contradicteurs pour changer le monde, cela s'apprend »

La première des richesses, ce sont les collaborateurs.... 137
Bannir la novlangue managériale 139
L'adversité permet de jauger les leaders...................... 144
Le parcours d'études classique tel que nous
le connaissons va évoluer 148
On aura toujours besoin d'un salaire
pour mettre un toit sur sa tête... 150
Ne laissez pas les autres décider à votre place 152
Cette jeunesse est courageuse 155
La France doit renforcer son tissu de start-up 158
Hybrider les savoirs.. 164
L'environnement n'est pas une variable
d'ajustement 165
Former des agitateurs raisonnés.................................. 166
Ne pas travailler dans le confort.................................. 169
L'enjeu de la culture générale 172

POSTFACE

Gloria D'Almeida :
« La réussite au bout du gant : un exemple de volonté » 175

LES AUTEURS DE DÉBATS PUBLICS

Françoise Adamsbaum
Directrice
Musée International des Arts
Modestes (MIAM)

Yaële Aferiat
Directrice
Association française
des fundraisers

Jean-Philippe Aka
Fondateur
AfricartMarket

Gloria D'Almeida
Boxeuse
Équipe de France

Hervé Amar
Président
Ayming

Antoine Amiel
Cofondateur
Learn Assembly

Jean-Xavier Arnaud
Associé
Tilder

Julien Artu
Président
People Like Us

François Asselin
Président Confédération générale
des petites et moyennes entreprises
(CPME)

Jacques Attali
Ancien conseiller spécial
de François Mitterrand

André-Jacques Auberton-Hervé
Fondateur
Soitec

Fanny Auger
Fondatrice
The School of Life

Axelle Ayad
Fondatrice
Mapatho

Gilles Babinet
Cofondateur
Isotope Energy

Bertrand Badré
Fondateur
Blue Like an Orange
Sustainable Capital

Simon Baker
Directeur
Maison Européenne
de la Photographie (MEP)

Hector Balas
Fondateur
Impala

Jérôme Ballarin
Président
Observatoire de la qualité
de vie au travail

Audrey Barbier-Litvak
Cofondatrice
Offishall

Marie Barrot
Fondatrice
AIM Prod

Christiane Baude
Magistrate à titre temporaire

Agnès Bazin
Directrice du développement
Doctolib

Thierry Beaudet
Président
Conseil Économique Social
et Environnemental
(CESE)

Anne-Sophie Beauvais
Vice-présidente et trésorière
Le Labo des histoires
et le Labo de l'écologie

Karim Beguir
Cofondateur
Instadeep

Salomé Berlioux
Fondatrice
Chemins d'avenirs

Maribel Bernard
Présidente
Fondation d'entreprises
Bergonié

Adrien Bisseliches
Associé
My Pop Up Store

Denis Blanc
Directeur général
Ayming

Phillip Blond
Directeur
ResPublica

Christian Bombrun
Directeur
des services digitaux
Groupe MTN

Flore Bonnard
Fondatrice
Rezto

Anissa Bonnefont
Scénariste
et réalisatrice

Bruno Bonnell
Secrétaire général
pour l'investissement
en charge de France 2030
Services du Premier ministre

Jean-Marc Borello
Président du directoire
Groupe SOS

Valence Borgia
Associée Medici Law Firm

Kat Borlongan
Directrice
La French Tech

Grégoire Borst
Professeur de psychologie
du développement
et de neurosciences cognitives
de l'éducation
Université Paris-Descartes

Vanessa Boudin-Lestienne
Directrice
associée WHO Talent Partners

Audrey Boulard
Fondatrice
Locatool

Michaël Boumendil
Président
Sixième Son

Vincent Bounes
Directeur
Samu 31

Kevin Bourgeois
Cofondateur
Supermood

Jérôme Bourreau
Fondateur
Anamnese

Nicolas Bouzou
Fondateur
Asterès

Nicolas Brien
Directeur Général
France Digitale

Tamara Brisk
Fondatrice
Mokki

Franck Bruel
Senior Advisor
Boston Consulting Group
(BCG)

Jean-Martial Buisson
Avocat associé
Fromont Briens

Moussa Camara
Fondateur
Les Déterminés

Robert Cantarella
Metteur en scène et réalisateur

Carolyn Carlson
Danseuse, chorégraphe
et poétesse

Louis Champion
Directeur
UI Investissement

Julie Chapon
Cofondatrice
Yuka

Thibaut Charmeil
Directeur général France
Ayming

Xavier Charpentier
Cofondateur
FreeThinking

Jean-Louis Chaussade
Special Advisor
Accuracy

Élisabeth Chevanne-Brunel
Coprésidente
Association française
des coureures cyclistes

Marion Clignet
Coprésidente
Association française
des coureures cyclistes

Paul-Adrien Cormerais
Fondateur
Pony

Mathieu Cornieti
Président
Impact Partners

Anne-Marie Couderc
Présidente du Conseil
d'administration
Air France-KLM

Professeur Charles Court
Chef de service de chirurgie
orthopédique
et traumatologique
Hôpital Bicêtre

Thomas Courtois
Président
Nickel

Amy Dahan
Directrice de recherche
Centre national de la recherche
scientifique (CNRS)

Julie Dautel
Cofondatrice
Eonef

François Davy
Président
Groupe Adecco

David De Faria
Directeur Pôle Médico-social
Association Régionale
pour la Sauvegarde de l'Enfant,
de l'Adolescent et de l'Adulte
(ARSEAA)

Paul de Leusse
Directeur général adjoint
Orange

Marie Degrand-Guillaud
Directrice générale
déléguée Nickel

Rachel Delacour
Présidente et cofondatrice
Sweep

Martine Delbos
Directrice Générale
Pépinières Guillaume

Maxime Delmotte
Cofondateur
Balibart

Jean-Philippe Derosier
Professeur agrégé de droit public
Université de Lille

Tanguy et Marine Desandre
Fondateurs
Maplaceencrèche

Didier Deschamps
Directeur
Chaillot – Théâtre national
de la danse

Mahammed Boun Abdallah Dionne
Ministre d'État
Secrétaire général de la Présidence
de la République du Sénégal
Premier ministre
du Sénégal

Jean-Luc Domenach
Créateur
Université Tsinghua

Ludovic Donati
Directeur du projet Lithium France
Groupe Eramet

Éric Dournès
Directeur
Groupe Créa-Sud Communication

Laurence Drake
Déléguée générale
InPACT

Mathieu Duquesne
Directeur
de la stratégie SNCF Logistics

Jean-Loup Durousset
Président
Fédération de l'hospitalisation privée (FHP)

Béatrice Eastham
Fondatrice
Green Événements

Marie Ekeland
Fondatrice
2050

Caroline Eliacheff
Docteure en médecine, psychanalyste et pédopsychiatre

Delphine Ernotte Cunci
Présidente
France Télévisions

Charlotte Euzen
Associée
Tilder

Paola Fabiani
Fondatrice
Wisecom

Domitille Fafin
Directrice des relations institutionnelles et de la communication
Shell France

Charlotte Fairbank
Championne de tennis fauteuil

Jean-François Fallacher
Directeur général
Orange Espagne

Mireille Faugère
Conseillère maître
Cour des comptes

Vanessa Feuillatte
Première danseuse
Opéra national de Bordeaux

Frédéric Fisbach
Codirecteur Centquatre

Hubert Flichy
Senior Counsel
Flichy Grangé Avocats

Françoise Forette
Présidente du Comité d'orientation scientifique et stratégique
International Longevity Centre (ILC) France

Nicolas Froissard
Porte-parole et codirigeant
Groupe SOS

Jean-Baptiste de Froment
Conseiller technique pour l'éducation du président de la République Nicolas Sarkozy

Sophie Gaillet
Fondatrice
Grand-Mercredi

Marianne Gallardo
Project Manager Engie

Mathieu Gallet
Fondateur Majelan

Cristina Garmendia
Présidente
Fundación España Constitucional

Pierre Gattaz
Président
Medef

Julie Gayet
Actrice,
productrice de cinéma
et réalisatrice
française

Marie Georges
Présidente
Willa

Philippe Germain
Directeur
Ciclic Centre-Val de Loire

Philippe Girod
Président Gouverneur
Audigier

Ana Giros
Directrice Générale adjointe
Equans

David Gordon-Krief
Associé
UGGC Avocats

Laurent de Gourcuff
Fondateur
Paris Society

Élodie Grimoin
Cofondatrice
Urban Canopee

Anne-Sophie Grouchka
Chief Operating
and Transformation Officer
Allianz France

Isabelle Guichot
Directrice générale
Maje

Sophie Guillin
Directrice Générale
Groupe Guillin

Cécile Guillou
Directrice générale
Franprix

Khamsa Habouchi
Directrice adjointe
Centre Virchow-Villermé

Vanessa Hary
Fondatrice
Savonnerie des Intrépides

Paul Hatte
Président
Hatis

Nicolas Hazard
Fondateur
Inco

Jérôme Hénique
Directeur général
Orange Afrique et Moyen-Orient

Christophe Heugas
Médecin biologiste
Laboratoire Biopyrénées

Anne Hidalgo
Maire de Paris

Caroline Hilliet Le Branchu
Directrice générale
La Belle-Iloise

Klaus Hommels
Fondateur
Lakestar

Martin Hook
Directeur général
Ayming UK

Tarek S. Hosni
Directeur général
Alvarez & Marsal

Sarah Huisman-Coridian
Associée fondatrice
Equanity

Thierry Jadot
Président
Dentsu Aegis
Network France

Olivier Jaillon
Directeur général
Wakam

Henri Jeannequin
Directeur Général
Maison Marc

Patrick Jeantet
Directeur général
SNCF Réseau

Jean-Paul Julia
Directeur Général
Banque Populaire
Bourgogne-Franche-Comté
et Pays de l'Ain

Nathalie Kaïd
Présidente
Sœurs d'encre

Zineb Drissi Kaitouni
Cofondatrice
DabaDoc

Marcel Kahn
Directeur général
Mutuelle d'assurance
des professionnels de la santé
(MACSF)

Nathanaël Karmitz
Directeur général
MK2

Élisabeth Kimmerlin
Présidente
Les Premières
Occitanie

Frederik W. de Klerk
Prix Nobel
de la paix 1993

Guillaume Klossa
Fondateur
EuropaNova

Gaspard Koenig
Fondateur
GenerationLibre

Laureen Kouassi-Olsson
Présidente-Directrice Générale
Birimian Ventures

Alain Krakovitch
Directeur
SNCF Transilien

Arnaud de Lacoste
Directeur général
Sitel Group

Olivier Lacrampe
Docteur
Laboratoire Biopyrénées

Marc Laidet
Président
FHP Psychiatrie

Ingrid Lamri
Directrice du cabinet
du directeur général adjoint
Engie

Véronique Langlois
Cofondatrice
FreeThinking

Serge Lasvignes
Président
Centre national d'art et de culture
Georges-Pompidou

Frédéric Latrobe
Associé
Tilder

Audrey Le-Bars
Directrice de projet Territoire
d'industrie de Lacq-Pau-Tarbes

Jean-Yves Le Gall
Président
Centre national d'études spatiales
(CNES)

Ludovic Le Moan
Cofondateur
Sigfox

Fabrice Le Saché
Fondateur
Aera Group

Philippe Lemoine
Président Fondation Internet Nouvelle
Génération (FING)

Philippe Lentschener
Président Publicis France

Mathias Léopoldie
Cofondateur
Julaya

Matthias Leridon
Président-fondateur
Tilder

Enrico Letta
Doyen
École des affaires internationales
de Sciences Po

Aude Letty
Directrice
Innovation Santé Groupe Korian

Chen Lifang
Corporate Senior Vice-President
and Director of the Board Huawei

Bamba Lo
Cofondateur
Paps

Jean-Hervé Lorenzi
Président
Le Cercle des économistes

Pascal Lorne
Fondateur
Gojob

Antoine Loron
Cofondateur
Hublo

Pascal Lorot
Président
Institut Choiseul

Maxime Loubar
Cofondateur
et directeur général
Wyes

Marina Maestrutti
Maîtresse de conférences
en sociologie
Université Paris 1
Panthéon-Sorbonne

Christine Maffli
Fondatrice
Venera Creation

Naledi Magowe
Cofondatrice
Brastorne

Thierry Malandain
Chorégraphe et directeur Centre
chorégraphique national
Malandain
Ballet Biarritz

Angèle Malâtre-Lansac
Directrice déléguée
à la santé Institut Montaigne

Pierre-Alain de Malleray
Directeur général
Santiane

Béatrice Mandine
Ex-Directrice Exécutive
Communication,
Marque et Engagement
Orange

Moussa Mara
Premier ministre
du Mali

Emma Marcegaglia
Présidente
Eni

Stéphane Mariaccia
Animatrice
KOMedia

Sandrine Martinet
Championne paralympique de judo

Philippe Mas
Fondateur
Modularche

Michel Mathieu
Directeur général
LCL

Olivier Mathiot
Directeur général
2050

Muriel Mayette-Holtz
Directrice
Théâtre national de Nice

Dominique Méda
Directrice
Irisso

Julien Mendez
Directeur Général
Institut Supérieur
Maria-Montessori

Bruno Mettling
Président
Orange Middle East
and Africa

Marc Mézard
Directeur
École normale supérieure
– PSL

Sacha Michaud
Cofondateur
Glovo

Christian Miele
Président
German Startups
Association

Valéry Miéral
Président
Volailles Miéral

Éric Mignot
Cofondateur
+Simple

Fatiha Mlati
Directrice de l'intégration
France terre d'asile

Dadou Moano
Cofondateur
RefuHelp

Jean-Paul Mochet
Directeur général
Franprix

Dominique Mockly
Président
et Directeur Général
Teréga

**Grégory Mollet-Viéville
et Romain Rainaut**
Créateurs
Conqueryourday

François De Montaudouin
Advisor Ayming Institute

Filippo Monteleone
Directeur général délégué
Ramsay Santé

Élisabeth Moreno
Ex-ministre déléguée à l'Égalité
entre les femmes et les hommes,
à la Diversité et à l'Égalité des chances

Aurélie Motta-Rivey
Vice-présidente
Association française
pour les Nations unies
(AFNU)

Antoine Motte
Président
Constructions-3D

Patricia Moulin Lemoine
Présidente du Conseil de surveillance
Groupe Galeries Lafayette

Peggy Munich
Fondatrice
Femmes Chefs d'Entreprises (FCE)
Landes

Claude Nahon
Directrice Environnement
développement durable
EDF

Séverin Naudet
Directeur général analyse
Socialyse

Alexandre de Navailles
Directeur général
KEDGE Business School

Olivier Nicolas
Membre du comité exécutif
LCL

Céline Orjubin
Cofondatrice
My Little Paris

Kevin Ortega
Fondateur
Coiff in the Street

Haïba Ouaissi
Cofondateur
LexDev

Amélie Oudéa-Castéra
Directrice marketing et digital
Groupe AXA

Rachid Ouramdane
Codirecteur
Centre chorégraphique national
de Grenoble

Ali Parsa
Fondateur
Babylon

Michel Paulin
Directeur général
OVHcloud

Guillaume Pepy
Président
Initiative France

Emmanuel Petiot
Directeur général
Deinove

Nicolas Petrovic
Président
France et Belgique
Siemens

Céline Peudenier
Membre du directoire
Groupe SOS

Fabien Piazzon
Associé Qualité de vie au travail
Ayming

Alain Picard
Directeur général
SNCF Logistics

François Pignol
Directeur Grands comptes Luxe
Google Paris

Laurie Pilo
Directrice générale
BeNeLux Ayming

Dominique Pitoiset
Directeur Général et Artistique
Opéra de Dijon

Thomas Plantenga
Directeur général
Vinted

Éléna Poincet
Cofondatrice
TEHTRIS

Olivier Poivre d'Arvor
Ambassadeur de France
en Tunisie

Célia Poncelin
Fondatrice
Lunetist

Marie-Alice
Thierry-Portmann
Directrice
des ressources humaines
Ayming

Philippe Pouletty
Cofondateur
Truffle Capital

Cyril Quenet
Cofondateur
Label Famille

Pierre Rabhi
Créateur
Colibris

Jonas Ramuz
Cofondateur
Quai 36

Laure de La Raudière
Présidente
Autorité de régulation
des communications électroniques,
des postes et de la distribution
de la presse (Arcep)

Matina Razafimahefa
Cofondatrice
SAYNA

Raymond Redding
Directeur général du courrier
Groupe La Poste

Florian Reinaud
Cofondateur
Concilio

Helmut Reisinger
Directeur général
Orange Business Services

Delphine Remy-Boutang
Fondatrice et CEO
Journée de la femme digitale

Hugues Renson
Vice-président
Assemblée nationale

Sandra Rey
Fondatrice Glowee

Stéphane Richard
Président-Directeur Général
Orange

Anne Rigail
Directrice générale
Air France

Cédric Ringenbach
Président
Blue Choice

Rémy Rioux
Directeur général
Agence française de développement

Gaël Riva
Organisateur
Drive Repas solidarité
de la Loubière

Robin Rivaton
Directeur général
Agence d'attractivité
et d'innovation
de la région Île-de-France

Lucie-Éléonore Riveron
Cofondatrice Fauve Paris

Patrick Ropert
Directeur général
SNCF Gares & Connexions

Père Matthieu Rougé
Docteur en théologie

Nicolas Rousselet
Président-Directeur Général
Groupe Rousselet

Gérard Saillant
Président de la commission médicale
Fédération Internationale
de l'Automobile
(FIA)

Cédric Sanial
Agriculteur en Haute-Loire

Michel Sapin
Ministre des Finances
et des Comptes publics

Marie-Laure Sauty de Chalon
Présidente
Carat Interactive

Jacques-Olivier Schatz
Directeur des opérations
Wakam

Wolfgang Schäuble
Ministre fédéral
des Finances

Olivier Schwartz
Directeur de l'unité virus
et immunité
Institut Pasteur

Vincent Sciandra
Directeur général
METRON

Hervé Seck
Chef de projet
Diambars

Mouna Sepehri
Associée
Tilder

Olivier Sibony
Associé
McKinsey

Yannick Silva
Fondateur
Yanook

Victor Simon
Président
WorldSkills France
Champions

Zohra Slim
Cofondatrice
Instadeep

Alvaro de Soto
Professeur
École d'affaires internationales
de Sciences Po

Martin Stephan
Directeur général adjoint
Carbios

Martin Stimela
Cofondateur
Brastorne

Volkan Tanaci
Fondateur
CityBzz

Aurélie Thévenet
Fondatrice
Linestie

Jean Todt
Président
Fédération internationale
de l'Automobile
(FIA)

Albert Toikeusse Mabri
Ministre des Affaires étrangères
République de Côte d'Ivoire

Camille Thomas
Violoncelliste

Vincent Tomasetig
Président
Maker Béarn

Michaël Trabbia
Directeur Exécutif, CEO
Orange Wholesale

Marie Trellu-Kane
Présidente
Unis-Cité

Iheb Triki
Cofondateur
Kumulus

Cécile Verdier
Présidente
Christie's France

Agnès Verdier-Molinié
Directrice
Fondation iFRAP

Emmanuelle Verger-Chabot
Directrice
EDF Hydro

Augustin Verlinde
Cofondateur
Frizbiz

Gilles Vermot Desroches
Directeur
du développement durable
Schneider Electric

Daniel Vervloet
Président
Fédération française
d'allergologie
(FFA)

Martin Vial
Directeur général
Europ Assistance

Frédéric Vincent
Président
du Conseil d'administration
Nexans

Benoît Voituriez
Directeur administratif
et financier
Ballet Preljocaj

Jean-Pierre Wiedmer
Président
HSBC Assurances

Antoine De Wilde
Président
La French Run

Pascale Witz
Fondatrice
PWH Advisors

Minggang Zhang
Directeur Général adjoint
Huawei France

Camille Zonca
Cofondatrice
Label Famille

Débats Publics s'engage dans une démarche
de développement durable par respect pour ses lecteurs
et pour l'environnement.

La conception, la composition et l'impression de ce livre
ont été réalisées en France.

Conception graphique
A noir, www.anoir.fr

Composition et mise en pages
Nord Compo

Impression Normandie Roto Impression

Première édition : novembre 2023

Cet ouvrage est également disponible au format eBook.

L'imprimerie Normandie Roto SAS est labellisée Imprim'Vert®,
et la couverture ainsi que le papier intérieur de l'ouvrage sont issus de
forêts certifiées PEFC.

ISBN : 978-2-37509-728-1

Achevé d'imprimer en novembre 2023
Dépôt légal : novembre 2023
Imprimé en France

PEFC
10-31-2541
Promouvoir la gestion durable de la forêt
www.pefc-france.org

DEBATS
PUBLICS

Retrouvez-nous sur
le site internet de Débats Publics

www.debatspublics.com